夏薫回憶錄

（增訂版）

序

八兩金

很多年前，我經常出席慈善活動，更在活動中認識到黃夏蕙小姐。大概我們都比較喜歡幫助人，所以經常都在慈善活動裡碰面，漸漸我們便熟絡起來了。認識她這麼多年，我經常勸她，妳的年紀不小了，不要這樣粗勞，但她就像一隻沒有腳的小鳥，總是喜歡走來走去，而且永遠都不聽勸告！或許，我被她對生命的熱誠感動了，所以她做的每一項活動我都十分支持，甚至不計酬勞。

每個人在生命中都會有起伏的時候，回想她在很多年前（確實年份我已經忘記了）正面對經濟崩潰的時候，我叫她住進我的家，都已經是多年的老朋友了，我們總得互相幫忙。在她住在我家中的兩個月期間，有不少鄰居經常問我，夏蕙姨是否我的女朋友？我的兒子會否接受？我只可笑笑的回答別人，夏蕙姨的年紀比我母親年紀還要大兩年，又怎有可能做我的女朋友呢？

人生於世幾十年，名利只是過眼雲煙！捉不到；也留不住！但友情這樣無形的東西，卻可以在每一個人內心深處永遠存在。夏蕙姨，妳太牛了！

洪金梅（祥嫂）

夏蕙是我一個至親至愛的好友，形同家人一樣，我倆一起走過人生漫漫長路超過四十年，言語和文字難以表達我倆的真情義，只能在此祝福我的好姊妹一天比一天開心快樂！一天比一天健康幸福！

平淡是福，自得其樂！

沈旭暉
香港中文大學社會科學院副教授

不少同齡人認識夏蕙姨，都是從九十年代轟動一時的鄧家爭產事件。那時候，她的形象不能算正面，而且頗重口味，自然而言的成了惡搞對象。互聯網興起後，媒體早年找她拍造型照，不少也是同一原因。

那為甚麼隨著年歲增長，我們對她持續改觀？為甚麼今天提起夏蕙BB，我們都感覺親切，在新一代當中，她更是極受歡迎？這是值得思考的課題。背後自然有各種各樣的品牌效應，但歸根結柢，只因為她是很真的人，而且豁達。十年如一日，以十二生肖造型上頭炷香，不是沒有毅力的人可以堅持的；夜半接到惡作劇電話，卻循循善誘教導年輕人要尊重老人家，也不是一般娛樂圈中人的涵養。她的真，在於毫不掩飾自己喜歡吸睛，也完全明白會引起怎樣的效果，而依然故我。久而久之，她得到恰如其分的身份。

但夏蕙BB這「品牌」的成功，關鍵還是互聯網。網民是喜歡製造英雄的，在現實社會越是不符合傳統「成功人士」形象的人，越能夠通過網絡世界得到重生，因為這也是網民的「充權運動」。這網絡生態，恰恰和夏蕙姨的天性產生完美互動：當網民要聲討 D&G 霸權，就見到夏蕙姨；夏蕙姨病倒，也見到網民。

在這互動中，網民也許無心插柳，但也有不少有心人。當初分享夏蕙姨的新聞時，不少朋友覺得奇怪，我多次解釋：她有很大潛能，能成為另類 Cult 偶像，只要找到和社會的互動方式，甚至能成為亂世的清泉。逐漸地，新一代認識她的舞台，變成了支援碼頭工人、反對地產霸權，而她也明白這種曝光，比從前更有建設性。

説起來，我大概是最早、最持續分享她新聞的人之一，見證了整個形象的蛻變，也由衷為她高興。然而真正和夏蕙姨有現實交往，還是由我的婚宴開始，接著介紹她和朋友見面，大家都覺得這樣的長輩十分難得。假如有一天，香港沒有了夏蕙姨，大家肯定會發現社會失去了一種向心力，才知道這種每個城市都需要的傳奇，是多麼的可遇不可求。願夏蕙 BB 長命百歲，繼續守護我城。

謝志峰
《城市論壇》監製兼主持人及時事節目《左右紅藍綠》監製

【夏蕙姨——美女・戰士】

夏蕙姨的經理人 Simon 請我為夏蕙姨的自傳寫序，我一下子不知如何回應。因為我與夏蕙姨本人素未謀面，對娛樂圈又是門外漢，但鑑於在香港電台的電視節目上看過夏蕙姨綜論時事，一下子不好推卻，反而想了解一下她到底是怎樣一個人。

打開互聯網，打算搜尋夏蕙姨的資料。

資料帶領我回到過去，本來一個不熟知的印象，慢慢由模糊變得清晰起來。原來網友一直對夏蕙姨年輕時的索照驚為天人，她與胡百全律師、香港賽車好手潘炳烈的感情生活，加上她和新馬司曾、鳳凰女、譚炳文等娛樂圈前輩的工作關係，令我這個六十歲老人，重拾許多童年回憶。

決意向 Simon 要來夏蕙姨自傳的電子版，準備一頁一頁往下讀，但才讀到第三頁，我就有了寫序的衝動，其中一個原因是夏蕙姨比我年長二十三歲。二十三年有多長？還不及一個六四25周年！想及此，不禁輕嘆人生苦短，再過二十年，我也會邁向八十之齡，所謂他朝君體也相同，令我對這位長者有同病相憐的唏噓。

以書論書，自傳作者流露的感情真摯直率，將自己由十八歲開始進入戲棚的經過，及至認識胡百全律師、賽車冠軍潘炳烈等兩段坎坷感情的經過娓娓道來，一氣呵成，上一代的戲圈名人一個個躍然紙上，曹達華、鳳凰女、梁醒波、新馬仔、鄧碧雲、譚炳文、楊燕、梅雪詩等等，均勾起讀者許多熟悉的片段。

再一頁頁讀下去，才發覺作者文字功力相當，可能是自小受教於名校庇理羅士女子中學之吧！這並非指她用了甚麼高深的典故詞句，而是她淺白、流暢的文筆中隱藏了一般現代香港人普遍缺乏的文字書寫功底。年輕一輩可以在本書中見識到何謂清晰、簡潔、通達而富美感的文字。

夏蕙姨以此書展現了一般觀眾鮮為人知的一面。

夏蕙姨在書中也處處滲透出自己對友情的重視。她解釋自己每年年初一爭上頭炷香，是因為很多朋友一旦沒去上香，就會橫禍飛來、甚至離開人世。故此她與三幾好友年年皆用上香沖散對死亡的恐懼，也借機緬懷那些逝去的故人。

或許，時下報導一貫以「博出位」來形容夏蕙姨的舉止時，也可為八十多歲的老人留下一點空間！

祝福夏蕙姨。

Simon
經理人

與女魔頭一起守護著一份愛

不經不覺認識黃小姐（又稱黃夏蕙、夏蕙姨、夏蕙BB），已經十年了，跟她相處這段期間，猶如走過了一段悲、喜、怒交集的階段，就好像和她經歷了一段歷時十年的愛情故事。大家切勿誤會，我並沒有暗戀或明戀她，不過我們的經歷，真的太像談了十年戀愛。

我與黃小姐緣起的記憶

回想二零一一那年，我一直希望建立一個綜藝網台，可以自家製作很多搞笑的短片，放在網絡平台上。由於本身我的工作也牽涉公關項目，所以我知道長期經營一個網台是十分困難的，以至一直沒有勇氣實現自己的理想。不過當時經常與網台朋友有商業上的來往，所以間中也會客串參與網台的製作和演出。直至後來，我其中一位有商業來往的朋友問我有沒有工作可以介紹給他那個剛剛在電影系畢業的兒子 David，於是我便介紹這位小朋友到一間新開的網台工作。豈料這間網台營運了不夠三個月便結束了。當時我十分內疚，感覺自己好像在誤人子弟，就是因為這份內疚，為了堅守承諾的我終於鼓起勇氣，投資了自己的網台。

記得那時為了打響網台第一個活動，我跟這位年青人籌備了一個活動，計劃在旺角行人專用區派避孕套。本來我有一個很傳統的想法，就是要找一些美女，將避孕袋派給途人，拍攝他們的反應，但 David 和另一位攝影人員阿貓卻在開會時反對，他們提出，如果由一位「人見人怕」的女士將避孕袋交到途人手上，畫面應該會很尷尬和搞笑。當時，他們提出了三位女藝員作參考，分別是余慕蓮、魯芬和黃夏蕙。我想像到那個畫面，情不自禁地笑了出來，便接受了兩位小朋友的意見，打算主動聯絡這三位女藝人，與她們商討出席條件。沒想到會議後不出三天，我竟然在坐尾班車回家的時候，在車上碰到黃夏蕙小姐。至於我們相識的詳情，大家翻閱第一章的故事，便可深入了解，至於為何會有悲、喜、怒這三種感覺，我想由「悲」開始説起：

「悲」從何來？

旺角派避孕套的活動，是我第一次幫夏蕙 BB Call 記者，所以十分緊張。活動下午三時開始，我約了黃小姐一時半在她樓下接她，誰想到下午二時還見不到她的蹤影，我便再打電話催促他，直至二時半她才出現，比較講原則的我，已經很急躁了。在的士上，我再跟她重複練習回答記者時的內容和語氣。幸好當天交通暢順，我們下午三時準時到達目的地。當日我記得還有三位記者到場，當時記者發問的態度其實不太友善，就在這刻，我腦海裡出現了一個問題：如果那些記者感到如此不耐煩，甚至討厭夏蕙 BB，為何仍要應約採訪呢？其實那時的夏蕙 BB，總是對人歡笑背人愁，在那刻，我產生了一種悲傷的感覺。

活動完畢後，我跟黃小姐喝了一頓下午茶，就是這頓下午茶，令我更深入了解當年夏蕙BB幫祥嫂（洪金梅）爭取遺產的理由。夏蕙BB對我坦言，當時她的經濟狀況很不好，感情世界一片灰暗，好像不知如何面對未來的日子，只好見步行步。這個時候，令我產生了一種感覺，就是希望對這位老人家好一點，所以我跟她提出：「如果你信任我的話，不如我們嘗試合作三年，我希望用我有限的能力，改變你的形象！」她竟然毫不猶豫，立刻答應了我。我們就是在這種「悲傷背後，我見猶憐」的感覺下，建立了十多年經理人和藝人的關係。

「歡」樂開始

不知道大家會否同意，每段感情的起跑點是十分重要的，如果一段關係在一個完美無瑕的環境下開始，很容易可以促成一個美麗童話故事，相反，便很容易產生一個凄美哀怨的結局。我們開始的時候，黃小姐十分配合我的理念。基於她有一份俠女的氣概，做人有底氣，加上沒有朋友在她身邊閒言閒語，所以我們決定第一件試水溫的活動，就是要為「D&G 禁止港人拍照事件」發聲。整件事情，給我一種「他們在歧視香港人」的感覺，所以我跟黃小姐商量，我們要強勢反抗，告訴 D&G 品牌知道：香港市民對他們處理事件的手法感到不滿！於是便發起了發起「夏蕙行動」。

不久，又有了 LV 告小商戶侵權的新聞，這次，我們用了與前者相反的態度，懇求 LV 放過小商戶。

經過兩次事件之後，我深信夏蕙 BB 為香港人抱不平的形象得以建立起來。之前市民不喜歡夏蕙姨，大多是因為她化的妝太濃，給人一種怪異的感覺，所以市民經常醜化她。而這種被醜化的形象已經深入民心，相信任何方法也改不了，所以我決定從年青人的角度入手，為她建立一個香港女神的形象。黃小姐在晚年能夠受到香港市民愛戴，這種福氣，相信是她自己一步一步累積下來的，從此香港人開始接受和喜歡她新的形象，這種喜悅，是用任何財富也換不到的。

「怒」火中燒

相信大家認識的夏蕙BB，是一個可愛的老人家，這個想法是對的，但原來她也擁有一些貼地的「強項」，就是貪小便宜、刁蠻、任性、蠻不講理！

「刁蠻」的例子，記得某年海洋公園邀請了我們公關公司拍了一段宣傳片，除了片酬之外，我要求海洋公園多送五十張入場券給我們公司，讓我們可以透過網上遊戲把入場券贈送出去，以作宣傳。豈料，海洋公園的工作人員錯手將這五十張門票交給夏蕙BB，而她竟然中飽私囊，說要把門票送給她的親戚和朋友，更強硬地表示不會歸還這些免費入場券給我。

「任性」的例子，黃小姐可能眷戀當年粵劇做包家（活動統籌者）的身份，但她的性格根本就不善於策劃活動，所以近幾年的生日宴，明明只是準備了八十席座位，她竟然可以口頭邀請一百二十席的朋友到來，令到有門票的來賓也沒有座位。跟她相熟的朋友沒有座位，素未謀面的朋友反而坐在貴賓席，令到她很多好朋友無癮離場！

「貪小便宜」的例子，她出席活動的時候，永遠會在開席之前將主人家放在桌子上的的紀念品，全部放進自己的手袋裡，散席時，她必定會問酒樓的工作人員拿至少三至四個膠袋，用膠袋將自己桌子上的雙輝美點和水果帶走，然後再將旁邊幾圍剩下的食物也拿走。珍惜食物是一種美德，可惜這些「紀念品」，她永遠只會叫身旁的朋友幫她拿走，好讓她可以兩手空空的，扮瀟灑離場，然後才在酒樓外面從朋友手上接回幾個膠袋，再上的士回家。有一次我到她家中，嗅到她家裡有異味，才發現原來她從酒樓帶回家的食物，並沒有被吃掉，已經發霉！這十年期間，經歷了最後四年的慘痛回憶，從此我就賜了一個花名給她，就是「女魔頭」，她也知道的。

我與黃小姐的緣滅的預言

大家以為，隨著黃夏蕙離開香港，我們的緣分從此就會破滅嗎？年輕人，你們太年輕了！我相信我是前世欠了黃小姐的，所以今世才要我償還這份恩情。她已經去過美國很多遍了，可惜沒有一次可以在當地逗留多於三個月或以上，所以，我相信她今次儘管已經下定決心在美國生活，她也一定不會逗留多於半年，因為她每次去美國與女女生活的時候，都會大病，悶到每天致電長途電話給我訴苦。各位，我跟你們的女神緊密接觸已經接近十一年，我太了解她啦！哈哈，還看他朝吧！

儘管女魔頭身懷數不盡的缺點，但我跟她始終擁有著十一年的感情，相信往後的日子，我依然會守護在她背後，兵來將擋，水來土掩地守護她。

目錄

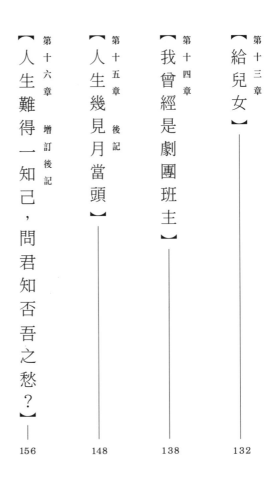

第一章

【病榻回首】

——那些發生過的事情
雖然獨自停留在已逝的時空
但我可以將之寫下——

我在醫院裡醒過來，發現自己虛弱得連話也說不清楚。

第一個闖進我腦海的念頭，就是我臉上早已模糊的妝容，當我發現身旁並沒有化妝品，正想伸手搜尋隨身的假髮時，才知道自己連舉起手的氣力都沒有。

自從多年前跟去世的丈夫一起生活後，妝容就成為我的另一部分。年輕時人家說我高貴美豔，今天有人笑我異相，時光飛逝，我對這些說法，感覺都不大，因為懂我的人便知道，我只是個遵從天性直至八十二歲的女人。

經理人Simon、男友潘炳烈就在不遠處察看著我，不斷問我感覺如何，可我就是說不到一句清楚的話。怎麼了，這些症狀，難道是中風嗎？八十二歲，雖然從小便有貧血的毛病，但直到近年我都總算是精神奕奕，能隨心所欲做喜歡的事，只是如果真的就這樣中風，變成行動不便的話……

至少，我應該完成本在這個月舉行的音樂會。

潘生不斷詢問醫生我的身體狀況，我也聽到 Simon 在不斷的接電話，看似在叫其他人放心，吩咐他們遲些再來看我。

對了，我本來正在 Simon 家中對稿（我們正在準備音樂會的對答環節），記得我從家裡面出來時已感不適，到了 Simon 家，更覺天旋地轉。Simon 叫我在沙發上躺一會，但是情況卻沒有好過來，Simon 心知不妙，最後決定報警呼叫救護車送我到律敦治醫院，我隱約記得上救護車的時候，我的神志已不太清醒。從昏迷中醒來，還是有點暈眩，嘴巴不能説話，腦袋卻一直在轉，究竟我是不是中風？身體會不會因此而癱瘓？這幾十年來有幾多個朋友，都是我目睹著離去，難道這次終於輪到我了嗎？

之後做了身體檢查，檢查過腦部，驗了血，醫生説應該不是中風，大概是我為了綵排音樂會，勞累過度，所以感冒了吧！Simon 説，這幾天有很多朋友來探我，還説有些粉絲很野蠻，硬要進來病房看我，還跟護士們爭執起來。聽到這些，我焦急了：「為甚麼不讓人家進來呢？他們是關心我才想來看我！」

「但是你當時還不能説話。」面對我的任性，Simon總是循循善誘，但他知道的，一旦我認為是對的事，總會找得著理由。

「人家看不到我，可能會以為我死了[1]。」

Simon打趣道：「你想他們拿著三炷香來拜你嗎？」

已經合作了四、五年，他又怎會不明白我的個性？我天生好動、喜愛熱鬧，即使是我的另一半或家人，有時為了工作、做表演、搞慈善，我也會推掉跟他們的約會；我喜歡玩，喜歡忙這個忙那個；正如大家都知道，只要出現在鏡頭前舞台上，我就

[1] 據説網上真的傳出了我的死訊，在此多謝各界的厚愛和關心，現在身體已無恙了。

會顯得精神奕奕，可能有人會認為我喜歡出風頭，但我不認為這樣的生活方式有甚麼不好。

不知從何時開始，突出的妝容成為我的標誌。

對於八十二歲的我來說，Simon還只是個小伙子，記得我們是四、五年前認識的，就在灣仔警署附近，我已經不記得我當時因何故搭上那班車，或是要趕赴甚麼約會，只知道下車時不小心將手上膠袋東西丟了一地，Simon就是在那個時候走過來，幫我拾回散落地上的物件。

我們算是一見如故，他說想找一個「重口味」的人物幫忙，說是要宣揚性教育，見他當時尷尷尬尬的，我便跟他說：「怕甚麼？我七十幾歲人有甚麼未見過？」

我是個公認大膽開放的人，雖然年紀大了，還不知道「重口味」一語作何解（後來才知道是甚麼意思），但對於一些有意義的事，就算人家覺得會出醜，我都沒有甚麼所謂，因為我享受行動，享受熱鬧。相對於容貌上的年老，我更不想停下來，對我來說，停下來才算是真的老了。

自此，Simon便成為了我的經理人，他喜歡我那種不怕尷尬的性格，我也喜歡他的老練能幹，總是把工作安排得妥妥貼貼。他說不希望見到我常常被佔便宜，明明受邀請替人家工作，到最後要自掏腰包，他認為，幫人不是壞事，但是要將資源用在適當的地方，要是對方的機構有資源，是應該照本子收費；反之若是老人院或一些慈善機構，就算一分一毫也不收，我們出錢出力也沒有問題。

遇到這個愛惜我、欣賞我的人做經理人，實在是我的福分，這幾年來他為我奔波，我又給了他甚麼呢？想到這裡，心內不禁一沉。

我與經理人 Simon 是跨越年紀的好拍檔兼好友。

這次生病，確實為我帶來極大恐懼，我不怕死，卻只怕不能再像從前一樣出外見人，做喜歡做的事。

當然，還有那些未了的心願。

我睡在病床上，在醫院特有的寂靜氛圍下，回憶起前塵往事。說起來，這八十二年的人生，比漫長的電視劇集還要漫長。

我想起我的父親母親，還有曾經長時間跟我住在一起，對我百般照顧的姐姐及姐夫；我想起我的好朋友，在不同階段陪伴我，他們有些仍然健在，有些已然別去；我想起我的先生胡百全，與他相識足有半個世紀，認識他時，我還只是個十八歲、將片場和戲棚當作遊樂場的無知少女，而他，已經是個演藝行內首屈一指的律師……至今我仍不太清楚，出身大富之家，已經有一定社會地位的他，怎麼會看上我這個剛剛畢業，終日玩耍的傻氣女孩呢？

如果我就這樣走了，就來不及好好回顧、總結我的一生了。

如果我就這樣走了……

「Simon，你看我是時候為自己寫本回憶錄了吧？」

就這樣，我決定寫下這本回憶錄。在記錄之時，始發覺許許多多的回憶，好些長存於心的人們，在我心裡依然明明歷歷，如在目前。

那些發生過的事情，雖然獨自停留在已逝的時空，但我可以將之寫下。

第二章

【夏夜相遇】

——那個年代
人與人的關係
就像蜜蜂跟花粉一樣簡樸——

小學時代我已離開雙親，從鄉間搬到姐姐的家中。姐夫是開酒鋪的，家裡賣自家製的蒸餾酒，算是小康之家。從小我對讀書的興趣不大，成績只屬中等，不過可能我的性格較為乖巧，思想單純又不愛反抗（有時會給人欺負或佔便宜），所以老師們都當我是寶，記得有次某位老師還帶我去吃西餐，當年吃西餐不像現在那麼普遍，價格亦比較昂貴。

我年輕時身形不算高䠷，手腳還有些許微胖。可能你們會覺得驚訝，其實當時我是校內田徑隊隊員，還曾奪得全場跳遠的冠軍，是校內活潑好動的一群。

熱愛運動的我，每天往返學校，除了上課時間外，就是在打籃球、做田徑練習。時至今日，人家說我八十二歲還這樣充滿精力，事實上是三歲定八十，早在我小時候已具有那種「不想停下來」的性格。可我活潑之餘，身子還是有些老毛病，醫生說我不夠血，血壓低，家人曾經為我張羅，帶我到瑞士打羊胎素，但情況還是時好時壞。

少女時代的我早已涉足片場。

中學時代我就讀庇理羅士女子中學，雖說校舍是一座宏偉的建築，學校成績與校譽俱佳，是全港首屈一指的名校，但當時的校風以嚴厲見稱，校規不准我們與校外學生來往，要是在街上給老師見到，一定會給訓示一頓。

可能因為校內找不到興趣所在，我的志趣慢慢轉移到演戲方面。因緣際會下我投考了中聯影業公司的新人訓練班，當時我只是跟著朋友去的，沒想到因著這個機會與很多戲劇界中人交上了朋友，包括我的丈夫胡百全。

中聯影業公司由當時的名演員、導演組成，當中的吳楚帆、張活游、紅線女及新馬師曾都是大家耳熟能詳的名字。記得面試當日，考核的是演戲的反應，考官叫我做一個害怕的表情，我也做不好，卻沒想到我竟可以成為特約演員，在電影中擔當一些次要角色。

記得中聯影業公司當年提倡以受歡迎的大老倌來拍時代劇，所以很多大老倌也以粵劇名伶的身份跨媒體參與時代劇，像新馬師曾、紅線女便是當中的表表者。大老倌因常要登台唱戲，所以拍攝時代劇很多時候也要待到深宵。

我參演的第一套電影《火》，常常要等出場等到夜晚，而在戲內，我只不過擔任一個走難的閒角。等待雖然漫長（晚上八時等到清早五時），我卻一點也不覺得沉悶，只因我對演戲有濃厚興趣，亦熱愛片場內五光十色的人和事。說到底，我還是初生之犢，無論是戲裡戲外，也急欲感受更多。

或許我只是一個名不經傳的小演員，未了解行業的辛酸，在我看來，那些明星演員看似活得自在，他們坐在片場內吸著香煙，總有個人在他們身後為他們按摩。雖然常常有些男演員會想結識像我們一樣的無知少女，也會在嘴巴上佔我們便宜，但有很多前輩也非常友善，像曹達華先生。在我初出茅廬的年代，華哥（曹達華）已是電影界的紅星，地位超然，但他對待我這個後輩也以禮相待，當我是親妹妹一樣，每當有人想佔我們這些年輕女子嘴巴上的便宜，也會被他出手制止。

認識他們後，我簡直將片場當做遊樂場，有時明明沒有戲份，也會待到三更夜半，然後跟他們一行人去大排檔吃宵夜。久而久之，也跟他們混得就像兄弟姐妹那麼熟。

有一次，華哥跟祥哥（新馬師曾）邀請我一起晚飯，飯後他們說去打麻雀，我一向不懂麻雀，雖然很多朋友都喜歡玩，但對我而言，不打就不會輸，於是幾十年來也沒有這個習慣。但當日發生的一切卻是令我印象深刻，因為就是那天，我遇到我的先生——胡百全。

早在粵語片時代已與曹達華先生結識。

我認識他的時候，他已擁有自己的律師行，亦是政府委任的租務法庭法官，在法律界薄有名聲。他從英國倫敦大學畢業回來，當然是一派紳士風範，每次出現都穿著剪裁良好的西裝，用髮蠟將頭髮梳到後面，言談間透露文士之氣，可是每次面對我，卻又有一種「拿我沒有辦法」的感覺。無論如何，相對於我在學校認識的異性，他就像黑白電影裡面出現的彩色人物。

那天，我們從茶樓吃過飯，他們便趕著去麻雀館耍樂，華哥邀我一起去，我婉言拒絕，但他硬要拉我去，說有朋友要介紹我認識。我想，去一次半次，倒無傷大雅，便跟著去了。

「她就是我跟你說的夏蕙。」華哥向胡生（胡百全）介紹我，還說了幾句好話，像是說我很乖巧，是難得的好女孩，讓我不禁有點臉紅。

「他是胡律師，通行也認識他的。」

我不認識律師界的誰，亦不懂打牌，只是坐在他們旁邊，跟他們談天，看看戰情。那時候，胡生就坐在我身旁，只見他硬是一邊打牌一邊望向我，看了半天，他已經「出沖」了幾次，但又好像不介意輸掉這些錢似的。

我天性遲鈍，暗地裡在想，他究竟是不是認為我年紀太小，不應該來這種地方呢？但見他的眼光，又不像是指責，會否是我的臉上沾了甚麼污漬呢？結果我還真的去洗手間照照鏡子，察看有否弄污到。

「夏蕙你今年多大？」

「十八。」由於他年紀比我大，感覺就像是拜年時親友問話一樣。

「還在讀書？」

「對。」

「哪一間學校？」

「庇理羅士。」

「你住在哪？」

我們有的沒的在談，總是他問一句我答一句，那些他提出的話題，就像降在空中的雨水，轉瞬被太陽蒸發。就是這樣聊著，只見華哥常常在旁邊偷笑，覺得很有趣似的。

胡生在兩個小時內輸掉了不少金錢，卻還是跟我有的沒的在聊。後來，我發覺天色已晚，跟他們說是時候回家，本來華哥說要送我到樓下乘的士，胡生卻有點靦腆地說：「我可以載你回家嗎？」

我望著他一時說不出話來。他以為我有心推卻，補了一句：「要是你不介意的話。」

果然是旁觀者清，華哥立刻走上前，硬把我推了給他：「這麼晚了，一個女生乘車不安全，讓阿胡載你回家最好！」

可胡生卻像有點拿不定主意：「夏蕙是不是覺得不好呢？如果不想，你不用勉強的。」

接著我還是坐上他的車，兩人不發一語地走畢回家的路，或者可能不是不發一語的，記憶中我們說了幾句可有可無的說話，直至到達我家樓下，他便立即走出車廂為我打開車門。

那是個初夏，月明燈稀，我帶著半點迷惑，在他微笑著的目光下悄然離去。

回到家，我躺在床上，百思不得其解，何以一個行內如此成功，同時正值壯年，擁有豐富人生經驗的人會有這樣的表現。

那個年代，人與人之間就像蜜蜂跟花粉一樣簡樸，因此，我也不明白，自己為何會不停地思考一個認識還不足十個小時的人，並在午夜裡，久久不能放下。

第三章

【我不懂愛】

——他看著我，微微低頭，苦笑了一下
然後我感受到一生人第一次的
心痛的感覺——

自從上次跟胡生見面以後，時有與他碰面的機會，有時是幾個人一起聚會、吃飯，有時是他約會我。或許是我當時年少，在結識初期，根本沒有把胡生對我的好意太過放在心上。

我還是個學生，平日都在上學讀書，其餘時間，不是去片場拍戲，就是去戲棚探班。我喜歡看粵劇，所以常去看大戲，也認識了一大堆做戲的朋友，像鳳凰女就是我的好朋友。當時的戲棚一般都在新界地區，像是粉嶺、大埔等地方，所以那些老倌、花旦都是睡在戲棚的，那兒設有簡陋的洗手間，還可以洗澡。下課後我就會乘車到戲棚，跟朋友們在裡面談天、吃飯，有時聽戲，晚上便自個兒回家。

我喜愛自由，從小我也是那種不受家庭傳統束縛，希望四處遊玩的人，所以十八歲的我，哪會想過和誰有甚麼固定的關係？只是覺得對方人品不錯，可以與之交往，一切也沒有想得太過深入。

年代不同，那時候一男一女逛街，不會有甚麼親密行為，拖手、接吻根本是遙不可及的事，更何況胡生是個典型的英國紳士，總是為我開門，與女生並肩走時又總讓女生先行一步，處處體貼著女士。

有次我們去看電影，看過電影後走在行人路上，驀地，我發現一件奇怪的事，於是便問他：「為甚麼每次跟你走這條路，你也走在我的右手邊？」

「因為那邊是馬路，若有車失控撞過來，我也可為你擋一擋。」

現在聽起上來，人們可能又會覺得誇張可笑，可是我聽得出這都出自他的真心誠意。很遺憾，當時我根本沒有好好回應他，只是轉換話題。畢竟我們的年紀差距大，當時的我怎會明白他的心意？為了討我歡喜，他實在付出太多，甚至讓那時的我感到一點壓力。

有一次我跟友人去錶行買手錶，在街上遇到胡生，進到錶行裡，才知道胡生是那間錶行的法律顧問。銷售員熱心地為我們介紹不同的錶款，我的朋友和我也各自選了一隻名錶，可胡生卻搶著付款，我們當然是拒絕，最後他叫我們不要讓他在錶行失了面子，我們才讓他付款，只是我回到家還是覺得不妥，最後也把買錶的錢還給他。

事實上，並不是每次他約會我，我也會赴約的。有時我去了戲棚，他便會打很多次電話過來，直到晚上回家，姐姐就會跟我說：「你的胡生又打電話過來啦！他每隔半小時就來電一次，真纏人！怎麼了？我還以為你出了甚麼事呢？」

與胡百全的婚宴合照。

我當然是一點事情都沒有，但不知怎的，好像我越不理他，他就越是著緊，問題是我絕對不是故意讓他對我更著緊，我沒有這種機心，只是覺得奇怪，這個朋友為甚麼纏得我這麼緊？當然心底裡我知道他是喜歡我的，但就是不懂處理。可能因為我想逃避他給我的無形壓力。有好幾個星期，我都沒有接他的電話，我囑咐姐姐，即使我在家也說我不在，於是他顯得更焦急。找不到我，竟然打電話給我片場及做大戲的朋友，他到處找我，更加使我無所適從。

姐姐問我：「你究竟是否真的喜歡他？若然不是，就不應該浪費人家的時間！而且他這樣做，你不覺得煩嗎？」

我不覺得煩，但也不懂得處理，唯有在他再約我去看電影時，跟他說清楚，告訴他只能跟他做個好朋友。

那是一個晚夏的雨天，看完那齣名為《後窗》的電影，我們步出電影院門口，可能他知道我根本不太明白這齣電影在說甚麼，所以往吃飯的路上，我們也沒談上幾句話，他也只是如常地為我撐傘和打開車門。那天他比平常沉默，大概知道我有話想跟他說吧。

飯後，他駕車載我回家，車子穿過公路時，我一邊想著應怎樣開口跟他說清楚，可我根本開不了口。

車子就在我家的前方停了下來，平常他都會立刻走下車為我開門，那刻他卻望向前方不發一語。我們就這樣坐在車廂內，聽著雨聲，不知道等了多久，是一分鐘還是一刻鐘？他終於開口：「夏蕙，是有事情要跟我說嗎？」

「……我是想跟你說，我並不是討厭你，但是你知道的，我還年輕……」

「我明白的。」

其實我連自己在說甚麼也不知道，所以更加不知道他明白些甚麼，只看到他失落地下車，為我開車門，然後打開傘子送我回家。

我看一看他，然後只好回過頭離去，驀地，他叫住我。

「夏蕙。」

「嗯？」

「我可以再約你吃飯嗎？」

「當然可以。」

他看著我，微微低頭，苦笑了一下，然後我感受到一生人第一次的，心痛的感覺。

第四章

【Smoke Get In Your Eyes】

——每當他要走，我都拚命地忍耐著

忍耐著不讓他知道

我想他再多留一會兒——

回到二零一四年。

出院後我在家休養了數天，看到報章刊登我的新聞，我問 Simon：「人家是不是都以為我死了？」

「怎會呢？大家都知道你在康復當中。」

不夠兩個星期，延期了的音樂會又開始籌備工作，為了要製作海報及聯絡嘉賓，我又開始四出奔走的忙碌生活，可是每當我靜下來，都會想起寫自傳的事，然後有一天，在我晚上乘計程車回家時，忽然聽到收音機正播著那首歌——

《Smoke Get In Your Eyes》

他不懂得跳舞，而我卻是個社交舞高手，每次他要出席一些宴會場合，都會邀請我跟他練舞，他最喜歡用來伴舞的歌，就是這首《Smoke Get In Your Eyes》。

「為甚麼這首歌叫做《Smoke Get In Your Eyes》呢？」我問他。

「那個男人的情人離他而去，他哭了，卻不想直稱自己哭，所以將之解釋為煙走進眼裡才流淚。」

年輕時已參加不少籌款活動。

我和胡生的關係絕不算是一帆風順，我們經歷過許多，煙也不時飄進眼裡，可我從來沒有後悔過，我相信他也是一樣。

其實我一早已知道他有太太。

但我當時不是因為這樣才和他保持距離，只是覺得沒有心情將時間都放到戀愛上，他也沒有硬要纏著我，只是默默地在我身旁，做我的好朋友。

春去秋來，我們還是常常在朋友的聚會間相見。每次與他見面，我們還是一樣交談，還是一樣嬉笑，可是中間卻像隔著一道無形的牆。有時見他默不作聲，好像仍為那件事耿耿於懷，而我，在見不到他的日子，總會不可思議地思念著他的音容。

那年夏天就這樣悄然過去，入冬後我的身體狀況急轉直下，常常因為貧血而暈倒，終日面青口唇白，失去了平常的朝氣，好幾次在上課的時候我差點暈倒，有一個星期甚至要請假留在家。

身體不佳，使我不再在片場、戲棚流連，也少有出席友人的聚會，家人們為我想了很多方法，也不得要領。有次，我更在學校的操場暈倒，要送院留醫，回家後好幾個星期都留在家，沒有出門。朋友們都致電我，甚至拜訪我，為我尋找醫方……但就是沒有見過胡生出現。

時值深冬，我每天躺在床上，一日三餐，有兩餐都是補品，但仍是沒有氣力，情緒亦變得很抑鬱，我開始覺得或許我一輩子都是這樣過。

有天，胡生卻突然出現在我的家中，原來他為了我尋訪各種貧血的醫治方法，終於為我找到了一些由馬血調製的藥劑。

「你為甚麼會來？我還以為你忘記了我呢？」說實話，我有點氣他，以為他少許情義都不顧，連個問候都沒有。

「我知道你生病，打來問過你姐姐，她告訴了我你的症狀，於是便拜託我的律師朋友詢問治療方法，他們說英國有這種馬血藥劑，我叫他們寄過來，所以花了不少時間。」

「英國？會不會很昂貴？」

他笑而不語，半晌，他示意我先休息，便走出我的房間。我聽到他似是向我姐姐及姐夫交待藥劑的用法，然後我又聽到他靠近我房間的腳步聲，他敲了敲我的房門：「夏蕙，你好好休息，我還會再來看你的。」

後來我聽朋友說，才知道他根本沒有等對方寄藥過來，而是直接飛去英國買藥，而且為著這件事情，還跟家人吵架。

兩天後他再度出現在我家，他拿著兩個大袋，裡面是幾件灰色的茄士咩羊毛外衣。他說這陣子天氣很冷，怕我沒有足夠的禦寒外衣，可我看到外衣是灰色的，卻說了幾句不中聽的話：「只有老人家才會穿這種灰色，你當我是老人家嗎？」

他沒有生氣，一樣是將衣服放低就走了。他遵守他的承諾，把我當作最好的朋友。他每隔兩天就來探我一次，每次都是坐十五分鐘就走，直到我完全康復為止。我每天下午都走到窗前等他，看見他來了，就悄悄脫下那件灰色的毛衣，然後每當他要走，我都拚命地忍耐著，忍耐著不讓他知道，我想他再多留一會兒。

可是每一次他都是這樣乾淨俐落，沒有回頭一望，沒有發現背後的視線，就步離我家大門。

冬去春來，我的身體也好得七七八八，也可以上學了，好友們知道我安好，都紛紛約會我，而胡生，還是每隔兩天就過來看我。我的姐姐客氣地叫他不用費心，可他還是一樣，而我也沒有拒絕的意思。

那天他再次來訪，比平常坐得更久，他看著我，好像有甚麼想說似的，可他像個受了挫折的小孩，甚麼也說不出口。我告訴他，我的身體已經完全康復了，他不須要費心來探我，他聽到我這麼說，沉默了好久。

與胡百全的婚宴，不少親友也有參加。

我與兒子胡禮賢。

「是時候走了。」

「我的意思是，我們可以在其他聚會見面。」

「我明白的。」他說這句話時，語氣帶著苦澀。

他下了樓，我望向窗外，此時陰雲密佈，我正在擔心會否下雨之際，果然下起雨來，我立即拿起傘子走下樓找他。他看著我從樓梯大堂趕來，甚為驚訝：「你來幹甚麼？」

「來給你帶把傘。」

「你給我帶傘子，自己拿甚麼擋雨？」

此時，我把傘子遞到他的手中，然後鼓起一生最大的勇氣，牽著他的手，跟他說：「不如先到我家暫避吧，姐姐今天煮了很多菜。」

他笑了，就這樣，我們牽著手回家。

那場春雨是我一生中最幸福的時光之一，可是或許這個世界太複雜，不容許簡單的快樂，而我們的苦戀，也才剛剛開始。

第五章 【頭灶香的故事】

——上頭灶香對我而言是一種特別儀式
藉以沖散我對死亡的畏懼
也為了緬懷我那些逝去的故人——

時常都有朋友問我，為甚麼每年都會去上頭炷香？有人覺得我是為了博曝光、博出位……當然，對於常常以古怪造型露面，能夠為大眾帶來一點快樂，我並不反感，但並非每一件事都如人們所想一樣。

曾經，有幾個朋友會跟我一起去拜神上香。

他們就是鄧碧雲、鳳凰女、司徒關佩英、祥哥和祥嫂。

先講鄧碧雲，行內人稱她做「媽打」，她為人坦誠，有一句就說一句，跟我志趣相投，一直都是我的好朋友。未做《季節》、未有「媽打」之名時，她已是粵劇界的名人，有「全能旦后」的稱號，因為她做甚麼角色，無論忠奸男女，都控制自如。此外，她也是胡生的好朋友，因此跟我來往甚密，每次她登台，我們都會去看她唱戲，也常常一起吃飯和聚會。

另一個是鳳凰女，她也是粵劇名伶，在我十八、九歲的時候，便在戲棚認識了她，常常去戲棚陪她吃飯，每天都待到晚飯後才回家，跟她熟稔的程度，就跟親姊妹一樣。這麼多年來，我和她就像孖公仔，就連她的家人也和我熟得很，我們曾經合資開花店，也一起去美國、泰國旅行。

司徒關佩英是胡生的朋友，前警務處副處長的太太，也是我的閨中密友，她是六十至七十年代曲藝界的名人，她介紹了很多戲曲老師給我認識，我們也一同唱戲，度過了一段青澀歲月。

事實上我們幾個，可謂情同姊妹，每年年初一都會去黃大仙上香。當年黃大仙其實沒有現在那樣熱鬧，我們每年農曆新年，就會約好在某個地方吃個飯，才到黃大仙拜神，哪似現在，傍晚六時已經有一大批民眾在門口排隊，等著入場上頭炷香？

另外兩個會跟我去上頭炷香的人，就是祥哥祥嫂，祥哥和我在戲棚裡認識，理所當然地，祥嫂也成為我的知心好友。她十七歲便跟祥哥一起，我們可謂識於微時，也因此，這麼多年來我們也互相支持，直到他們家不幸出現爭產事件，我仍守在她身旁，因為我實在敬佩她的為人。

記得我那時去祥哥祥嫂家，祥嫂煮了燕窩，倒了一大碗拿給祥哥，一碗拿給我，然後我看著她將水倒進那個已經沒有燕窩的鍋子中，沖水給自己吃。我問她：「你為甚麼不留些給自己？」她支支吾吾，說自己吃這些就夠。

我與祥嫂可謂相識於微時，幾十年來感情如一。

「你自己都不喝，我怎好意思喝呢？」最後我們一碗分了兩份。外間對她多作評論，卻不知道她暗地裡是怎樣生活，又是一個怎樣的一個人，她們家是富有，可在我看來，創業難，守業也難，那些年，多得祥嫂這樣知慳識儉，及在投資上的精明，家業才那麼豐盛。

我沒有資格對別人的家庭事說三道四，反正他們家的爭產事件已經告一段落，我也不願再評論甚麼，我只是在這裡分享一下我對祥嫂的回憶。

祥哥是著名的粵劇泰斗，要在他身旁侍候他，殊不容易，尤其是他要登台的時候，祥嫂就像一個褓母，要處理所有大小事務。從他起床，服侍他穿衣服，為他洗臉、梳頭，然後煮早飯給他吃，再開車載他到位於新界的戲棚。

很多藝人也會在上台前顯得神經質，祥哥每次登台做大戲，在戲棚內化妝時，都會大發脾氣，作為身邊人的祥嫂也就成為了出氣袋，可她還是默默忍受，有時我們一眾好友會在化妝室門口守著，不讓其他人探班，就是為了讓祥嫂好過一點。每次唱戲後，祥嫂也要向班主收錢，因為很多時班主也不準時付款，甚至有走數的情況，所以她每次也留到最後，親手收到錢才離開。

事實上祥嫂的幹練，戲劇界人盡皆知，記得我在早年曾經辦過一個籌款音樂會，每次有甚麼爭吵，都是由祥嫂為我出頭解決。那些演唱者都想在音樂會的中段獻唱（因為一向都是由大卡士唱中段），於是頭尾沒有人唱，令我甚為煩惱，最後祥嫂一句：「是不是要由祥哥唱頭尾？」才平息事件。我一向隨和柔弱，有時也會給人欺負，絕不及祥嫂堅毅，但二人一陰一陽卻能成為好朋友，實在非常難得。

記得爭產事件時，祥嫂四面受敵，丈夫的去世，與子女的誤會，傳媒的渲染，都給她極大的壓力。當時，社會上的傳聞沸沸揚揚，就連我也受到傳媒的批評。不過我不怕別人的攻擊，也沒有想過太多，誰對誰錯根本不重要。對我而言，我只是作為她的朋友，希望能夠陪伴她渡過這個難關。

幸好一切已事過境遷，當時情景就不須再一一細述，總之，祥哥和祥嫂也是我一生的好友。

這些友人，跟我有幾十年感情，可是除了祥嫂外，其他都已離開人世，每次想起他們，我都會想，我是不是活太久了？

司徒關佩英一直都有跟我去拜神燒香，但就在一九七五年，那年她壓力大，得了情緒病，沒有去拜神，就這樣輕生離世，當年她的離世是大事，也是我年輕時不能忘卻的記憶。

媽打鄧碧雲的身子在八十年代的尾段開始出現問題，那時她也有跟我一起去拜黃大仙的習慣，可是在一九九一年，她沒有在新年去拜神，最終因病離世。

然後是鳳凰女，由於那時她在美國，所以沒有回來拜祭，亦是同一年，她因病去世，那年是一九九二年。

祥哥的情形也是一樣，那年不記得因為何故，沒有去拜神，突然離開了我們。

祥哥亦是我的圈內好友，對我照顧有加。

上排（左起）鄧碧雲、李香琴
下排（左起）關佩英、吳君麗、鳳凰女、黃夏蕙、陳好逑

看著幾個知心好友，逐一離世，出現了這樣的巧合。

「上頭炷香」漸漸由一個習慣，提升至一種心結，好像每年如果不去的話，就會有不好的事情發生似的。

每年年初一，我都會穿著奇裝異服到場，大家拍照、起哄，好不開心，我樂於見到自己增添別人的快樂。不過有誰又會知道，上頭炷香對我而言是一種特別儀式，藉以沖散我對死亡的畏懼，也為了緬懷我那些逝去的故人。

第六章

【曾經簡單的快樂】

——馬兒走在晨光熹微的街道上
像一幅印象派的畫
一切都是這樣的簡單和美好——

在我們還未正式交往之前，胡生早已跟我說過自己有家室，而且他是社會上的名人，算是半個公眾人物，要瞞大概也瞞不了……可我最後還是選擇跟他一起。

我究竟喜歡他甚麼？我喜歡他的紳士風度，我喜歡他有時像我的哥哥，有時像我的父親，有時像我的老師，有時也溫婉如一個好朋友，但他不是時常都這樣嚴肅，也有神經質及軟弱的時候；我也喜歡他的癡情，他總是讓我覺得自己很重要。

在我們還未有小孩子前，我們度過了一段很快樂的日子。

週末我們會上山頂、遊車河，四處找東西吃，平日我每天都會去他的辦公室找他吃飯，我會在他的律師樓陪他。雖然他每晚都要回自己的家陪她的太太，但他每天晚上都會打電話過來，有時每隔十分鐘，有時相隔一小時，只要太太不在身邊，有時甚至半夜也會打來給我，我沒有去比較誰較重要，只要他重視我就好。

我甚至沒有要求他給予我甚麼名分，那時的我以為，一個女人最需要的，無非是她的男人將所有可以給予的時間都分給她，而這方面，他確實是做到了，所以，我還可以要求甚麼呢？

年輕的我是各大宴會的常客。

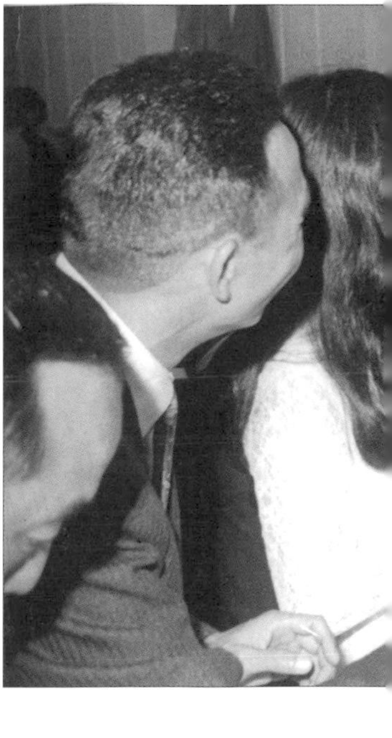

他不是個空口講白話的人，我們一天一點地開始了兩個人的生活，他為我們家添置了新的房子，但這所房子是我自己胡亂地選的，就在跑馬地山村道二十一號，是一棟三層高的平房。

我就是這樣不通世務的人，亦因為我胡亂地選了這個地方，沒有考究過這所房子的來歷，後來就真的出了些怪事。

當年沒有手提電話，電話都安置在大廳，為了等待胡生的電話，我每晚都在沙發上或坐或躺，有時等到睡著了，但不知從何時開始，我每晚都會被鬼壓。

試過的人都會知道，身體不能動只是其次，有時還會聽到莫名其妙的笑聲，身體的某些部分會被用力壓著，起床的時候全身都是汗。第一天，我以為是巧合，第二天，我有想過是身體不適，第三天，我開始覺得有點不妥，我問我的姐姐，原來她也有怪事發生，她掀起她的衣袖給我看，她的手臂有好些地方都有不知名的瘀青，她說自己明明沒有碰傷，卻在短短數天內累積了不少瘀痕。

我和家人就著這件事想了不少辦法，我買了聖經，戴上念珠，試過在被鬼壓時唸經，唸觀音心經、天主經，都沒有用，應該是我不夠虔誠吧……我和我的姐姐身上出現更多的抓痕、掌痕，弄得我每天晚上也怕得睡不著覺，最後也得向胡生求助。

找了道士來起壇作法，師傅說家裡有怨魂，請也請不走，做了幾場法事，拜過地主，情況好像變好了，可是隔了一段時間，我還是有被鬼壓的現象。後來，鄰居告訴我們，原來這間屋以前的住客，確實發生過慘事，才會有這些怨魂不散的事。

話說這個地方從前住著一對夫妻，有天他們駕著私家車遊車河，遊到某座山之際，出了車禍，一個跌下山崖身亡，另一個掛屍樹上，活活嚇死……

聽到鄰居言之鑿鑿，我們就知道這個地方住不下去，最後還是胡生自己出主意找了另一個地方，讓我們可以安心居住。

雖然這個地方出現過許多怪事，當年確實難以安下心來，但是現在回想，那個山村道的陰森單位，卻帶給我很多美好的回憶……尤其是每天清早，那些馬匹都會從練馬場浩浩蕩蕩地步進跑馬地馬場，那些年，街道上人煙稀疏，有點朦朧的晨光在馬兒的身軀散出一道道金光，馬兒走在晨光熹微的街道上，像一幅印象派的畫，一切都是這樣的簡單和美好。有時晚上害怕得睡不著覺，待到天光，聽到馬兒的蹄聲，沉重的心境也會變得開朗起來。

我會在那些經過的馬匹中找尋胡生的馬，眾所周知，他是幾匹名馬的馬主，一匹叫做「上著」，一匹叫做「得著」，每匹都是具有優良品種的駿馬。

想著，忽然記起胡生的愛駒「得著」跑第一時，胡生帶我去拉頭馬，可是那是第一次，亦是最後一次了。像我這樣活潑好動的人，又怎會討厭騎馬？胡生知道我喜歡，自然會帶我去騎馬，初時是他帶我去，往後我自己一個也會去。

這幾十年來，又何嘗不是這樣？有時他會用他有限的時間來陪著我，我記得我們曾經去過不少地方旅行，印象最深刻的，是我跟胡生去星加坡，你們知道嗎？他是富家子弟，從出生起就出入上流社會，去到星加坡，他卻第一次嘗試做普通人。我還記得他穿著拖鞋，跟我在街邊吃小食的光景，那段時光令人懷念不已，似乎快樂就是那樣簡單。但其他時候，都是我一個人過活，他比我年長，人生閱歷也比我多，他有他的家室，也有他的過去。我不奢求他的一切，我本以為只要我足夠簡單，就能夠謀求那渺小的、知足的幸福，可是我萬萬料不到這個複雜的世界，讓他也這般複雜，給我諸般痛苦。

與胡百全到馬場拉頭馬。

第七章

【愛恨交纏】

——女人終究是心軟的
要讓我重新相信他
需要的只是一點點的誠意——

如果可以，我希望我們不是在這樣的情形下認識，我希望相識時他還是未婚之身，我也希望我們的年紀沒有那樣大的差距，我希望他是生於平凡之家，可能他是我的同學，或是同一間公司的上班一族……有誰不喜歡過富足的生活？但如果要我選的話，我寧可擁有平凡的幸福，都不要為愛情而煩惱。

這麼多年，聽過不少流言蜚語，我知道胡生也承受很多來自家庭及社會的壓力，他有他的妻室子女，這方面我明白，我也願意忍受，畢竟這是出自我的選擇，可我沒有想過，還有這麼多的痛苦我尚未承受。

那些日子，我每天都會去位於太子大廈的胡百全律師行陪胡生吃飯，然後他會駕車送我回家，才回自己的家吃飯，可是有些時候他會把我放在中環某個地方，讓我自己乘車。我一早便已覺得奇怪，可也沒有想得太多，有天我卻在無意間撞破他們。

原來胡生除了太太和我之外，還有一個女性朋友，我當時固然是勃然大怒，但也沒有當面拆穿他們，只待胡生跟我見面時當面問責。我完全想像不到，自己竟然不單是第三者，還有可能是第四者、第五者，當時的衝擊令我發了好幾天呆。儘管胡生向我解釋，說那位梁姓的小姐早在他戰前就認識，

早年常與胡百全出席公開場合。

是患難之交，而且她是大家閨秀，知道他本有妻室，因此他們的關係只是每天吃飯相會的親朋密友而已，當中雖有男女感情，但並不是我想像的那樣。

那個時候，胡生已經是我生活中不可或缺的部分，所以我雖然深感不安，但仍然接受了胡生的解釋，沒有為此而跟他決裂。但我放過別人，不等於人家會放過我，那位小姐也是個女人，也會有妒忌心，一樣有佔有慾。

於是她當然也會發現我的存在了，還步步進逼，不知道她從哪個途徑調查，最後她竟得知我的地址，甚至上來我家，最後是我的姐姐說我不是住在這兒，替我打發她走。雖然我每天仍然繼續跟胡生吃午飯，但心裡就幻想著我下車後，胡生跟另一個女人約會。

這個時候，大概每個人都認為我為了這段感情，已經在委曲求全，可是真正觸發我的底線的，是胡生竟然要我為了那個女人說謊。

「她説要見你一面。」

「甚麼？」

「你可以告訴她，我們只是朋友嗎？」

「是不是我告訴她我們是朋友，她就不會煩我？也不會拆散我們？」

「是，我不想讓你難受，叫你説謊，只是不想她再騷擾你而已，你知道我對你是怎樣的，對嗎？你就讓著她一次吧。」

結果我們終於見了面，我也親口跟她說，我和他只是好朋友，但就是這次，令我對這段感情完全灰心了。

於是我下定決心要與胡生分手，雖然他不斷打電話給我，有時打到三更夜半，沒人聽他都會繼續打，但我已決意不再聽他的電話。他著急了，還打電話給我的其他朋友，雖然我沒有理會他，但長此下去，總會糾纏不清，最後我選擇了與友人方逸華小姐，一起去台灣唱戲勞軍[2]。

我以為這個台灣勞軍之旅可讓我散散心，也希望胡生不再找到我。想起他，我只會覺得心痛……就這樣，我隨著勞軍團體一起搭飛機往台灣，可我在台灣不夠兩天，便收到電話，是胡生。

「夏蕙，你去了哪兒？趕快回來吧！」

我沒有告訴他我去了台灣，原來是我的另一個友人，竟說我跟我的歌唱老師鄭華聰有染，這個胡生，找不到我，竟往鄭老師的家裡找，人家問他是誰，他竟說自己是水喉匠！去到鄭老師家，他發現我不在，才知道我是去了台灣勞軍。

他作為律師，也是議員，立即利用政府的渠道，說是我的家人出了事，一定要聯絡我，終於都將這

[2] 所謂勞軍，是戲班去為軍隊唱戲。

通電話接駁到來台灣這邊。

「你要我回來，但是那女人呢？你不好好處理這筆胡塗賬，我回來又有甚麼用？」

「我會跟她說清楚的，你現在就回來吧！」

「我回來也行，但你要來機場接我。」

當年在機場接機是很公開的事情，以他的社會地位，若在機場出現接我，會令我們的關係公開，但他卻一口應承了。

「好，我來機場接你，只要你立刻回來就好。」

女人終究是心軟的，要讓我重新相信他，需要的只是一點點的誠意。

回來後，我以為他會跟那女人斷絕來往，可是畢竟他們有多年感情，胡生還是狠不下心，沒多久，我就懷孕了，十個月後我和胡生的大女兒胡蓮娜就出生，或許對方也因此而心死也說不定，從此以後那位女士也再沒有出現在我的面前。

有了孩子後，胡生確實有盡到做父親的責任，他是個顧家的人，每個週末也會帶孩子去玩，我們又過了一段風平浪靜的幸福日子。

婚後的家庭生活是美好回憶之一。

第八章

【像我這樣傻】

——一個女人最希求甚麼？
不外是她的男人能夠付出足夠時間
跟她在一起——

我不懂得計算，亦不喜愛你爭我奪，我只需要有平平穩穩的家庭生活，就於願足矣。

自從上次出走台灣後，生活好像穩定下來，我和胡生有了女兒，也生了兩個兒子，大女兒的英文名跟我一樣叫做Lana，是胡生的心肝寶貝。

平日胡生也經常帶孩子們上山頂玩，除上班外，時間都花在子女身上，後來他們都有出國留學，子女們的學業和事業都各有千秋。不過這樣複雜的家庭環境，又怎會得到一個一勞永逸的結局？

兩頭家，縱有家財千萬也不易打理，胡生作為名律師，也是議員及各大機構的董事，要處理繁重的公事，又要照顧我們，忙碌的生活實在不易過。我體諒他，從來不去跟他的元配太太（姓馮）爭奪甚麼，可對方也有她的苦衷，畢竟我在她的心目中才是第三者。

記得我的乾女兒黃泳倫結婚時，馮小姐就向法庭申請了禁制令，只因那天我和胡生會以女方家長的身份主辦婚宴，而事前早以我們的名義廣發喜帖。可能因為婚宴盛大，足足筵開了一百二十席，亦有很多名人如賭王何鴻燊先生到場慶賀，因此惹來馮小姐及他們那方的家人不滿。須知她們家很多人也是律師，於是就向高等法院申請了禁制令，不准我和乾女兒自稱是胡百全夫人及女兒，亦嚴禁我們以這稱呼出現在報刊上。

每個人都曾經年輕。

我又怎會真的在意稱呼？只是婚宴本為喜事，是好事，忽然牽涉到禁制令，確實令我們有點不快。最後胡生還是有來這個婚宴，只是沒有掛上那個主婚人的襟章吧，其實場內人都知我們就是主婚人，掛不掛上那個牌子又有甚麼相干呢？

然而，這次婚宴卻使胡生與馮小姐吵了一架，這樣一來，我家與他們的關係更見惡劣。胡生說，馮小姐的朋友常常為她出謀獻計，要為她管住老公。有次她特意買了一張麻雀枱放在家，然後整天叫朋友來打麻雀，以為這樣就可以令胡生多些留在家，可惜，胡生的時間還是這樣有限，而有限的時間命中注定是難以平均分配的。

這場角力直到馮小姐去世的今日還沒有退卻，記得當年她曾逼迫胡生與我斷絕來往，還要他白紙黑字證明他跟我沒有任何關係。

那段日子我萬念俱灰，日思夜想，懼怕這頭家就這樣散了，而胡生就這樣離我們而去。人是很脆弱的，日復一日地鑽牛角尖，確實會做出傻事。那天我暗自下了決定，就在麥當勞道五十四號的那個寓所，我打電話給他，說要跟他分開，然後我把所有財產、首飾、所有他給我的禮物、值錢的事物，都寄托予胡生的司機，示意將一切都還給他。我將小女兒交給工人，叫他們去找胡生，接著我在家扭開煤氣，同時服安眠藥雙料自殺，決心跟這個世界的所有人事物不辭而別。

幸好工人察覺我的神情有異，破門把我救出，更立刻致電胡生，胡生怕家醜外傳，急召其當醫生的弟弟胡百富趕來救命，結果我安然無恙，胡生虛驚一場，握著我的手跟我說：「我知道你很傷心很痛苦，但無論如何，你也不要做傻事，不要走，我會照顧你們一家人的。」

為了這段感情，我受過很多冷言冷語，也做過一些傻事，人家問我為何這樣傻，我也不太懂得回答。感情這回事，易放難收，但我也有底線，不願委曲求全，一個女人最希求甚麼？不外是她的男人能夠付出足夠時間跟她在一起，對，時間對一個女人來說最為重要。

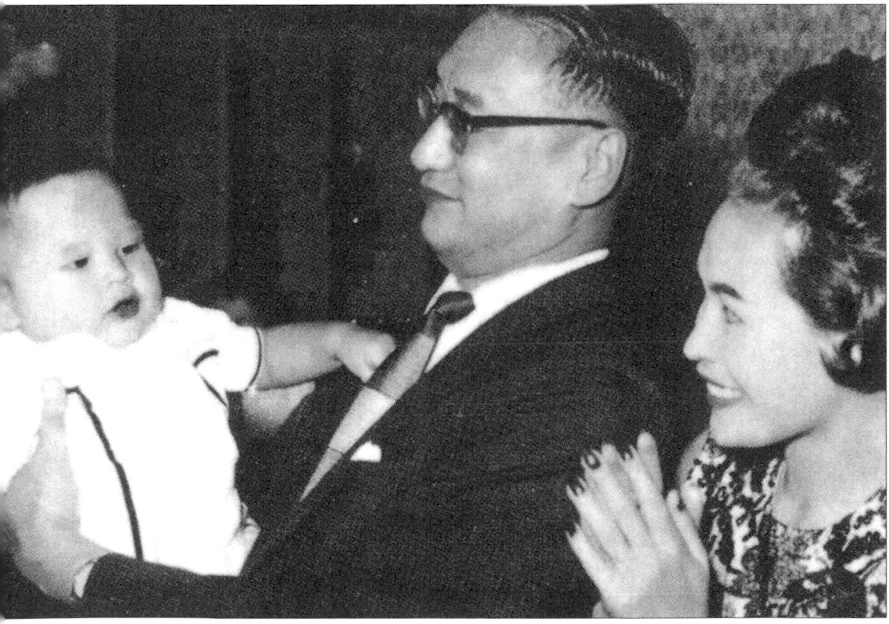
我與胡百全與兒子，一家人的合照。

即使經歷了這麼多，我仍然選擇相信他。

自胡生的弟弟去世後，胡生彷彿感到人生短促，他告訴我，說想把時間都放在家庭上，遂決定辭去行政局議員的職位。本來他可以當上馬會主席這個高職，但他知道那些社會名流對我諸多閒言閒語，我知道，他是為了我才拒絕這個機會。他拖著我出席大大小小的公開場合，我們經常去淺水灣酒店、麗池夜總會吃飯跳舞，沒有因為其他人的眼光而避嫌，他也一直對幾個子女照顧有加，也為我們購置了物業，讓我們可以安居樂業。

我不想因為我的這些文字，令任何人受到誤會，世事無分對錯，也不應互相憎恨，畢竟過去的已被遺忘，也應被遺忘。每個人在每個位置也有心裡說不出的苦，可是這個愛恨的輪迴還在隔著世代延續，令人大惑不解。自馮小姐過世後，她的子女繼承了胡生的居所，從此我和幾個子女不能再出入那兒，兩家的矛盾越演越烈。

第九章

【影視人生】

——我深深感激上天
補償我早年因為照顧家庭而失去的演出機會
我是幸福的——

前陣子有位朋友突然給我聽一段錄音，是一首粵曲來的，她說其中一把聲音很像我。我問她借來聽了一下，發覺那確實是我的聲音。這首《尋洋江上月》是我和好友司徒關佩英及媽打鄧碧雲在私人會所練歌時錄下的，並不打算灌錄唱片，只是打趣錄起來紀念。想不到今天，竟然可以再次聽到我們三人的歌聲，原來這盒錄音帶竟輾轉流轉到大陸，再由友人帶回來。雖然兩位伙伴已經作古，卻使我憶起幾十年來的戲曲歲月。

我曾經跟從有藝壇才女之稱的梁素琴學習唱粵曲，她既是電影演員，亦是錦添花劇團的團長，素有清譽，是個通曉琴棋書畫的文人雅士，從她身上我雖只習得皮毛，但卻開了我的眼界。

我是從何時開始學習戲曲呢，記得二十歲時，《華僑日報》舉辦了一個救助學童的獎學金活動，老友司徒關佩英邀請我跟她一起參與這個活動，並以唱戲來籌款，於是我和她就開始練習粵曲，也是我學的第一首歌——叫做《重溫金粉夢》。

唱戲是我多年來的興趣，喜歡每齣戲的造型。

數到記憶猶新的第一次，還有我在農場劇場做大戲。那是一個街頭表演，我們在旅遊巴士換衣服，然後就在街邊化起戲妝做大戲，街坊們就或站或坐在那邊欣賞，當時夥拍的藝人還有夏春秋先生，雖然我的技藝還只是初學者階段，但我卻得到了很寶貴的經驗。事實上，我早年都在享受我的家庭生活，照顧子女和陪伴胡生是我的重心，沒有機會發展我在唱戲和拍電影方面的興趣，但是近年我年紀大了，反而多了很多登台機會，可算得是還我年輕時的心願。

除了粵曲外，其實我對電影也興趣甚濃，早年除了拍過《火》，也拍過《川島芳子》，雖不是甚麼大角色，但是我飾演的竟然就是扮作川島芳子真身的丫環，整齣戲也以那個偽川島芳子為重心，到最後才揭露出我飾演的啞巴丫環才是真正的川島芳子，劇情何堪玩味，戲份不多，倒也過足戲癮。

幾十年來，我不算是影業一員，卻也以旁觀者的角度，看到影業的轉變。畢竟我與影圈中人都很熟，當年圈子比較細，你跟一個人熟了，就是跟其他人熟。

年輕的時候，電影行內人的教育程度都不高，他們的舉止較為粗鄙（當然也會講粗口），卻也非常親切，大家打成一片，似是一家人。此外，粵語片年代，大部分演員都專注在電影行業，少有涉獵生意、房地產、投資，故此為了生活，他們會接拍很多片子，行內就有所謂「七日鮮」的存在，也就是七天拍一部戲。一些著名演員在同一個片場可能同時拍不同的片子，這樣的事在當時可謂絕不稀奇，像新馬師曾祥哥，他也是專注做演員，只是到後來時代不同，才參與房地產投資吧。現在的演員及行內人們，除了拍戲外，很多也會做生意，拍戲對於他們來說，不再是單純為生活，有更多的是發揮演技的成分，我想這就是今日和往昔有所不同的地方吧。

老實說，我的演技不是太好，拍電影只是過過戲癮，並無甚麼野心及志向，可這些年也拍過超過十部電影，也累積了不少有趣經歷。我參演過一些鬼片，很多朋友也以為我扮過鬼，其實我在戲內從來沒有扮鬼，只是大家認為我總是濃妝豔抹，扮鬼的話一定很突出吧。

《豔鬼發狂》算是我較多戲份，亦是最多花絮的一部電影，當然，我飾演的不是那個豔鬼，而是劇中一個龜婆（妓女的經理人）。有一場戲講述我要從窗外飛出去，以我當時五十多歲的年紀，要做這些高難度動作確實是很為難，導演李修賢本來已安排了一些動作替身給我，可是我的身材太矮，手腳亦短，那些動作演員怎樣扮也不似我。導演想不到其他方法，唯有請求我親身上陣，我自小已是畏高，不要說是吊威也，平常站近窗口也會心跳加速，不過導演提出要求，作為一個演員，我也選擇大膽嘗試。

當時我和李修賢各吊起威也，要從四、五樓高摔下來，地下已鋪滿紙皮箱以策安全，但最後還是出了意外，兩條威也在空中交疊在一起，更勒住我的脖子。我在空中只感到窒息，跌在紙皮箱時，我已差不多失去意識，幸好最後也安然無恙。那個鏡頭也最終取用了，還甚具真實感！因為我真的給勾到了，怎會沒有真實感？

我飾演的龜婆角色還有一場裝成死屍的戲份，本來需要全裸的，但導演決定以替身上陣，在轉換第二個鏡頭時才補回我的面孔，很多觀眾看到也以為裸體的是我，其實只不過是替身，但對此我沒有回應甚麼，只是覺得整件事甚為有趣，可視為美談。

最近另一齣參與演出的鬼片《奇幻夜》，也拍得不易，我飾演一個被傘子勾到脖子的婆婆，被泰迪羅賓飾演的怪客所救，可是由於拍攝這場戲要配合車子、路人的走位，所以重拍了很多次也不能拍好，我的脖子都給傘勾到紅紅腫腫了。

觀眾們在影院裡看得開心，拍攝卻是兩碼子的事。一大班人通宵達旦，只為了一個鏡頭，藝人們很多時也須要做很多危險動作，受的苦可謂不少。儘管我們當藝人的，依靠觀眾而名成利就，確實也有必要承擔來自外間的壓力，但我也希望大眾對藝人們多一點體諒。其實藝人娛樂大眾，讓大家可以在忙碌的生活中鬆一口氣，也是一份高尚的職業，應予以尊重，對嗎？

我今年已達八十二歲之齡，卻還是有不少演出機會，我深深感激上天，補償我早年因為家庭而失去的演出機會，我是幸福的。也希望往後若有機會拍攝鬼片，真的可以初嚐扮鬼的滋味，說不定效果會是說不出的好呢！

記得那年在萬聖節扮鬼，有小朋友怕了我，此後就不再扮鬼了。

第十章

【誰是殯儀之星？】

——世界這麼大
我不需要人人都愛我——

很多人問，我八十二歲身體還是那麼健康，一天到晚都出外參與活動，說起話來算得上是中氣十足，是不是有甚麼養生秘訣？答案是：沒有。

我每天早上八時至九時就會起床，然後會用一些蜜糖混入舊普洱茶喝，因我的血糖一向偏低，所以醫生說每個早上喝一些蜜糖對我有益。喝完那杯普洱，我便會開始打掃家裡，之前有聘請過傭人料理家事，可是二零零六年時，當時的家傭竟然偷了我足足二十萬元的首飾，自此以後我就不想再聘請傭人替我工作，反正我一個人也有能力料理家事。

打掃完畢就是時候做飯，一般都是清茶淡飯，沒有甚麼特別。不過近來都是外吃居多，畢竟我下午開始就有很多活動，有時是朋友約吃飯，有時是去老人院參加一些敬老活動，唱歌、唱大戲給老人家聽，我和Simon總是拿著一袋二袋的贊助禮品去老人院探訪。那些老人家見到我們來訪，都很開心。不過有趣的，是他們當中有些比我還要年輕，人家問我為甚麼總是這樣活躍，我的想法很簡單，我認為一個人有氣有力，就該去做一些有意義的事，整天躺在床上，甚麼也不做反而更加累，更沒有朝氣，可以說，我的精力來自每一天的積極行動。

到了晚上，通常我會去一些生日或結婚的宴會，跟好友聚首。每次人家邀請我赴會，我真誠覺得是我的榮幸，因為我喜歡熱鬧，喜歡分享人家的喜悅。我去那些婚宴，八時入席，我的椅子都還沒有坐得暖，就會有其他認識或不認識的朋友過來找我拍照，聽到他們說：「不好意思，打擾你吃飯飲酒。」我就會自自然然地回答：「不打緊，大家開心就最要緊！」

跟我一起生活的男友潘生，在這方面就跟我不太相同。他不喜歡交際，只對賽車情有獨鍾，有時跟我一起去婚宴，總是獨剩他一人坐在席上，到我回到他身邊時，已經是十點多，婚宴已經完畢了。雖然他還是會因為我沒有陪伴他，一邊在碎碎唸的，但他也會和我去吃個宵夜，才駕車回家。

Simon是個稱職的經理人，總是有很多主意，二零一二年我們曾就著D&G事件到場支持。記得D&G當時禁止港人在門口拍照，於是我聯同我的老友，就是周潤發的胞姐，著名攝影師周聰玲一起去尖沙咀的D&G門口拍照；另外，二零一三年我也試過遞信給LV，勸他們不要控告那些小商戶，這些事件在網上瘋傳，獲得網民好評。

我與林蛟先生是圈內的好友。

常常就有人說我愛博出位，喜愛出風頭，我也不以為然。所謂「曹操也有知心友，關公亦有對頭人」，世界這麼大，我不需要人人都愛我，但求對人對事真誠，盡量幫人，做人心安理得，也就可以了。Simon說我是香港人的開心果，我很喜歡他的這個說法，有時奇裝異服出來引大家開心，逗大家發笑，我作為一個老人家，算是老來找點細藝，有甚麼所謂？

也有人說我是「殯儀之星」，事實上，我認為這些稱呼對我是很不公道的，雜誌說我經常去名人的葬禮，是為了做「攝石人」，博一個出鏡機會……但又沒有想過我作為一個八十二歲的老人家，八十二年來認識不少人。現在我八十二歲了，先前我也有提過，許多好友，像媽打、司徒關佩英等的知心好友，也一一離我而去，陸續有親朋搞葬事，又有甚麼出奇？我是個老人家了，斷不會真的喜歡出席這些場合，只是有親友去世，想盡點心意，我覺得那是我應做的事，是一種紀念，誰知竟被人當作話柄。

我與羅豔卿、羅家寶兩位名伶合照。

那次周潤發的外母去世，我出席那個葬禮，就被報紙寫我博出位，其實我跟周潤發的姐姐周聰玲，是相識多年的好友，前述D&G事件她也有為我拍照，外間怎會知道這些關係？別人的誤會，我也沒有辦法改變，就由它吧。傳媒的報導哪些是真，哪些是假，外人根本很難分得清，他們說我與已故林蛟先生曾經有一段情，事實我們根本連手仔都沒有拖過，只是當年我們常常大伙人一起吃飯，他是個有風度的人，每次飯後都會駕車送我回家，然後就傳出他和我拍拖的傳聞，可我們根本沒有一起過。這幾年我們都老了，他行動不便，我作為一個相識多年的友人，難道可以冷眼旁觀不伸出援手嗎？

每次有事發生，都會有朋友、屋企人問我：「真的不用澄清嗎？」

「笑又好，罵又好，供人談笑也是一種福氣，就不要那麼介意吧！」

我不太介意別人的看法，而且我一直覺得很多人都很喜歡我，而即使有人不喜歡我，我也當他們不存在，所以我眼裡只看到那些喜歡我的人，這種思維使我相信自己是個可愛的人。

我與好友周聰玲。

記得在我年輕的時候，有一個頗為要好的男性朋友，這人非常富有，跟女朋友分手了，於是他求我幫他。

「幫你？我該怎樣幫你？」

這人失戀後死纏爛打，女朋友去了星加坡，他又跟著去，還做了很多瘋癲的事，他不知從哪裡求神拜佛，求得一支聖水，說只要將水灑在那個離開她的女孩身上，那女孩就會回心轉意。

對於這些事，我當然不以為然，但我見他這樣癡心，又不願他做更多傻事，於是便應允幫他，我將那些水搽到手上，然後約那個女孩子出來，借故摸了她幾下，結果她沒有回心轉意，但我近來就時常在想，說不定那支水的效力落在我身上呢？說自己可愛恐怕有些自大，但我總是覺得大家都會包容我、接受我，卻是真的。

第十一章
【兩個人變一個人】

——我直覺覺得牠是胡生的化身
是他的靈魂寄身於這隻蜜蜂中
只為來看我一面——

胡生的元配馮小姐死後，馮小姐的子女禁止我們一家進入胡生的家。自此，兩家的矛盾越趨緊張。

胡生比我年長足足二十三年，我四十歲，他已經六十三歲了。一九九五年前後，他的身體已經開始哀弱，精神不佳，使他整天臥病在床，二零零零年更心臟病發，需要每天住院，可在這些時期，我竟不能與他相見。

了解我的人會明白，我從來沒有想過跟別人爭奪甚麼，金錢是不能夠帶入棺材的，最重要的還是人與人之間的關係和感情。我明白胡生夾在兩家的矛盾中間，亦明白馮小姐的子女覺得胡生是因為我而冷落了他們。

他們一家很多都是律師，動輒就以禁制令阻止我和胡生見面，先是禁止我去他家，到他住了醫院，也不讓我去探望他……早在一九八零年，胡生便立了契約，將他們家的基金分給我，我知道他是希望我生活無憂，即使後來我根本不能與他相見。後來，胡生的律師卻修改了契約，說是胡生的吩咐。

我根本不相信是胡生要律師修改契約，那是不可能的事，至於為甚麼會修改，我就不再說了，時已至此，我亦無話可說。我可以做的，就是時常去廟宇上香拜神，希望神明保佑他早日康復。

明明知道最喜歡的人就睡在病榻上，但卻不能陪著他，與他相見，那種感覺非常絕望。多少次，我在夢中見到他，有時是美好的，我們談天，聊起過去發生的事；但也有很多時候，夢是悲傷的，他哭了，他說很掛念我，然後我倆執手相看淚眼，無言以對。

夢醒，發現枕角是冰涼的眼淚。

二零零四年，胡生的病更嚴重了，可馮小姐他們還是不讓我探訪，只在母親節當日讓我看了他一眼，當時他正在睡覺，我也沒有打擾他，此後我就一而再再而三被拒諸門外。他們安排了啹喀兵[3]站在門口，令到病房儼如監房。其時，胡生曾偷偷地打電話給我哭訴，他說自己像被軟禁，又說他很掛念我，我叫他不用擔心，我會用盡方法入去見他的。我唯有聯絡記者，好讓事情有個見證，希望事件能夠透過外間壓力迎刃而解，可是最終還是說服不了那些鐵石心腸的人。

我和胡生有很多相熟的朋友，當中也有好心人知道這個情況，所以他們不時會向我更新胡生的消息。事實上他的病一拖便是數年，這段日子我就是靠著這些音訊，才知道胡生的病況。這數年來我的心情也極為抑鬱，想來想去也不明白，他們這種做法對任何人有甚麼好處。

或許冥冥中自有主宰，就在二零零五年某一天，有一好心人來電通知，說胡生的病情惡化，很可能會離開人世。於是，在他們的幫助下，我終於能進入病房見他一面。

我急急駕車到瑪麗醫院，只見他半躺半臥在病床上，當時正是吃飯時間，他見到我便哭了，我看見

[3] 啹喀兵本是來自尼泊爾，九七前曾有數以千計的啹喀兵被派駐香港，肩負保衛港人重任，回歸後兵團雖已撤走，但仍有不少留港的前啹喀兵轉任保安員和私人保鑣。

他的臉色比上次見面更差，也忍不住流淚，可我不想他再因為我而擔心了，便強忍著跟他說：「你不用擔心，兒女們都很好，很乖，他們各有各的事業和家庭，你不用擔心他們，我會看著他們的。你安心啦！」

他已經沒有氣力說太多的話，只是不斷重覆，要我好好照顧自己，還叫我放心，說他會解決外面的事情。

好心人示意我是時候離去了，於是我握著胡生的手，再次請他安心，我看見他的神情，我知道他捨不得，我說：「我不得不走了，我還會找機會來看你的，不用擔心，好好休息。」

病房外，天色已經轉暗，我忽然間非常感觸，有點悲從中來，我隱約感覺得到，我和胡生，大概不會再見面了。

果然，幾天後就傳出他離世的消息。我當時還在中山登台，聞訊後立即乘火車回來，記者早在醫院外等候多時，我向護士詢問他的消息，才知道他日前已經去世。兩天後，報紙出了訃聞，是馮小姐的兒女發出的，沒有我們的名字，我們也沒份兒參與。

往後我一直放不下，很想去靈堂，因為我覺得至少在他走後也應該要拜祭他。我們相識超過半世紀了，難道他去了，還不准我去拜祭？可能日有所思，夜有所夢，這陣子我都在夢中看到他出現，令我神傷不已。我朝思暮想，只為了找出他的靈位拜祭，說起來我還真有點瘋狂，因為我真的去過幾個墳場，看看找不找到他，結果都無功而還。

過了幾天，我收到消息，他的靈位放了在大坑道某個位址，是胡家一個祖傳的祠堂。我怕又被拒諸於門外，於是聯絡記者準備進去。門口守衛不讓我們進去，未幾一個女管工出現，我說我是胡百全的太太，對方才讓我入內拜祭。果然，胡生的靈位就放在裡面，我本來都尚算冷靜，但一看見胡生的靈位，就忍不住流下淚來，不知所以。

女管工見記者一行人不像是胡生家人，可能覺得奇怪，最後就要我們快點離去，我當時已經沒有在意身旁的人和事，只一股勁兒把心中的說話向胡生傾訴：「我很掛念你……」我把鮮花插在花瓶中，點起香燭拜祭，我雙手合十，期望遠方的他一切安好……此時，我發現神主牌上有一隻蜜蜂躺著，牠在我進入祠堂之前便一直在我的身邊飛，我直覺覺得牠是胡生的化身，是他的靈魂寄身於這隻蜜蜂中，只為來看我一面。

大概到我百年歸老那一天，我也說不出「我能夠忘記他」這幾個字，我的情緒總是因為他而驟起驟落，悲欣交集。我慶幸曾經得到他的寵愛，但也為了不能陪伴他走完最後一段路，而感到遺憾。生命就是這樣，讓你幻得幻失，但願大家都珍惜身邊人。

往事如煙，深情依舊。

第十二章
【我與潘炳烈】

——心裡面的感情
不單單透過語言來表達
他對我的照顧
我一直銘記於心——

那段不能與胡生相見的日子，感覺非常漫長，好動如我，也像失去了生活的意義。我絕少出外活動，一個人留在家，常常胡思亂想，好友們見我愁眉不展，都說我有可能患了抑鬱症，勸我求醫的也有，勸我多點出外找朋友的也有，可我卻沒有這個心力。我一直要求自己做個獨立的人，不想太依賴別人。

我曾經為情輕生，這一次與情人永遠隔絕，更感絕望。子女們都長大了，學業有成，各自發展事業，也各自有他們的家庭，不用我操心了。我甚至覺得我的生命歷程其實已經完結，不過上天卻對我不薄，因為在我最不快樂的日子，還有潘炳烈（潘生）陪在我的身邊。

我年輕時已經認識他，即使在我們正式住在一起成為伴侶前，我們一直都是朋友。他最為人熟悉的，是其賽車手的身份。三十多歲的他早已在東南亞的賽車比賽贏過不少冠軍，當年我也有到場欣賞過他的比賽。此外，他也是一個警察，曾經做過警司，但他為人耿直，不懂交際，我硬是覺得，他當年是不肯同流合污，才放棄繼續當差的，加上他常常請假出外比賽，上頭不批准，他就放棄厚職，專心當他的賽車手了。

早年已常去欣賞潘炳烈的比賽。

我喜歡他在賽車上的英姿，更喜歡他的豪邁性格。即使現在他已快要八十，還可馳騁賽車場。見他仍然精神奕奕，與我好動的性格不謀而合。

我還記得，當時我和他是在警局認識的，當時我只是二十幾歲。有次我的車子遺失了，打算去警局報案，在警局門口看見這名漢子，好像是剛剛下班，他問我：

「有甚麼事？」

「我的車遺失了。」

「你的是甚麼車？」

談了一會，他說：「我也是愛車之人，想不想看漂亮的車子？」

他談笑風生，說話毫不掩飾，我對他極有好感，於是他帶我去停車場，看他的跑車。看過車後我本打算離去了，他卻邀請我坐他的車去遊車河，年輕時我是個想到就做的人，沒有多想，我便坐上他的車。兩人在車上談得很開心，就此結下情緣，往後他有比賽，我也會到場支持。有時我們也會一起去玩樂，兩人像是相識已久的同窗一樣親密，可是他當時已有太太，而我也有胡生了，所以事實上我們只是保持朋友的關係，沒有更深入的發展，但我心底裡對他當然是非常欣賞。

他曾經結過兩次婚，也離過兩次婚，之後更移民美國，每年他也會往返香港和美國之間，他的子女也是住在美國的；而我的背景也不比他簡單，究竟兩個背景都這樣複雜的人，會是怎樣走在一起的呢？我也搞不清楚。

他總是嘴巴不饒人，問他年紀這麼大，還玩賽車怕不怕死，他說：「要死，我一早已經死了，即使現在死也算是賺到了。」

我又怎會不明白他呢？只是我們的相處總是這樣你一句我一句，才感到快活。他知道我是名校庇理羅士的學生，常常罵我愚笨，動輒說我「人頭豬腦」、「影衰」庇理羅士，但我總是這樣回答：「我不蠢你都不會選我啦！」

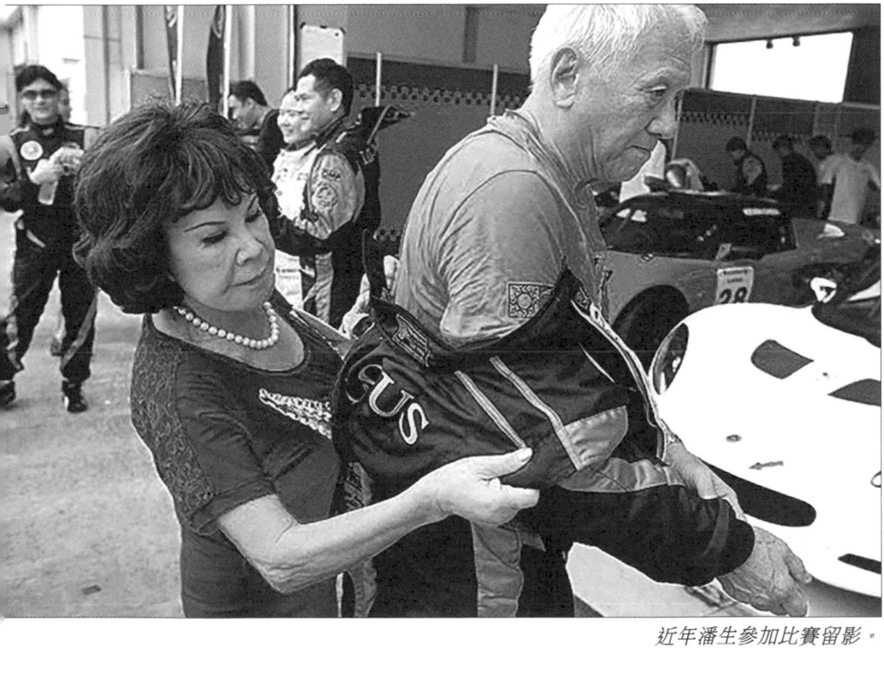

近年潘生參加比賽留影。

有次Simon八卦地問我：「究竟你們有甚麼共同興趣？」

我直接回答：「沒有。他有他去賽車，我有我去登台唱歌，而且，他每年有一半時間都在美國，可以有甚麼共同興趣？」

Simon：「上次跟你倆一起去飲宴，只見你忙於跟人拍照，他就坐著，我覺得他有點無奈！哈哈！」

對，他會滿口怨言，卻又會駕車載我去吃宵夜。

當年移民，他本來有叫我跟他一起去，但是我在美國認識的朋友不多，在那邊人生路不熟之餘，最重要的是我不喜歡沉悶的生活。在香港，我可以跟朋友碰面、吃飯，我也可以夥拍 Simon 享受那些趣趣怪怪的搞作。穿著奇裝異服來娛樂大眾，算是我老來的小樂趣之一，很多不認識的朋友在街上遇上我，也爭著跟我合照，能為香港人帶來快樂，那種滿足感是肯定的。離開香港，我不能登台，亦失去這些小小的滿足感，我怕我不能再像以往那樣活躍。

如果停下來就真的老了。

潘生對這件事當然有微言，常常說：「當初說跟我一起移民，後來又說怕悶！不要指望我會來電！」

可他在美國時還是會時常來電。

每次他離開香港，我也會到機場送他。我們平常是一對歡喜冤家，所謂「刀子口豆腐心」，我們兩人的心是相通的，無論我們做甚麼，也會互相支持對方。事實上他總是容忍我，口裡説不喜歡我登台唱歌跳舞，卻會駕車送我去登台場地，這就是他可愛的地方。別人聽到我們在言語上揶揄對方，會以為我們感情不睦，實則不然，因為心裡面的

機場送機合照留影。

感情，不單單透過語言來表達的，他對我的照顧，我一直銘記於心。

胡生走了，本來只剩下我一個，但老來能尋得如此伴侶，算是我最終的福氣。

第十三章

【給兒女】

——我知道這個家庭曾經帶給你們
一點點的壓力
但亦相信你們有能力去面對
並從中成長——

十件你聽過關於我黃夏蕙的事情，有九件都是誤解，人家認為我貪慕虛榮、貪錢，事實上我對名利一向都沒有太大感覺；你們看報紙雜誌，我總是獨個兒出現，就會推想我跟家人的關係是否不佳，我有六名兒女（兩女四男），他們每一個都很乖巧很好，我們的關係是相敬如賓，我不依賴他們，他們也不須依賴我，這是我為人父母的宗旨。

接了工作，抑或是有甚麼活動的時候，即使他們邀約我，我也會推掉，那時Simon才剛剛做我的經理人，他感到很好奇，便問我：「你們的關係是不是有點……淡薄？」

我說：「不是，只是我不想他們花太多時間和資源在我這個老太婆身上。現在生活很艱難，每個子女都有他們的生意和家庭，如果還要花費太多精神在我身上，生活會很苦，所以我盡量做我自己想做的事，有自己獨立的生活，不用依賴他們，他們就會很好。」

二零一三年我接受車淑梅小姐的訪問，她說我甚麼問題都答，就是不肯提及子女。

我是公眾人物，常在這個演藝圈出現，我的子女們不是這個圈的人，不用曝光於人前，怎可以讓他們承受壓力呢？我經歷得太多了，以前我對子女的管教也是傾向於無為而治，如果你為人父母，甚麼都要管，甚麼都緊張，只會使大家的關係緊張，年青人總是反叛的，我年輕時可能比他們都要反叛呢！你們想想，我總是在那些片場出入，也一定會有讓家人擔心的時候，所以我很明白，一定要放手給他們自由發展，到他們真的需要幫助，他們才會坦誠相告。我對他們沒有甚麼要求，他們也有能力自己作發展，不用依賴我。所謂「好仔不論爺田地，好女不論嫁妝衣」，我認為小康之家，遠比大富之家更好，因為錢財不多，子女們才會自個兒努力——懂得努力，才是為人之道。

他們幾個現在已經在不同範疇獨當一面，有的也移民外國，每次我在香港有些奇奇怪怪的新聞，他們就會打電話來問我，發生了甚麼事。每個月也至少有一次，跟其中一些家人聚餐，他們不會常常找我，因為他們知道，我可能比他們更忙。

雖然不是常常見面，但做父母的又怎會不擔心兒女，只是有時擔心也沒有用，這本書算是我幾十年來心聲的紀錄，正好在此向他們寄意。

我共有四兒兩女，大兒子禮明經營夜總會生意，頗具生意頭腦，我知道你不喜歡傳媒採訪，所以一直以來我也盡量不把你們捲進是是非非之中；禮智為銀行工作，是眾子女中最內向文靜的一個；禮信做汽車生意，結婚後生活美滿；禮賢做遊艇生意，也喜歡駕船、滑水等水上活動；二女雲妮在美國讀書也在當地結婚，時不時都會來電關心我近況；大女蓮娜早年就跟胡生在九巴工作（胡生是九巴的高層），事業上發展良好，也有自己的家庭。

雖然我也渴望有天可以抱孫為樂，但你們有自己的思想，有自己的選擇，只要生活得開心，有何不可？你們的爸爸在你們出生時，已經遲暮，又在數年前離世，從前有他在，家境很好，現在他不在生了，你們要自食其力，沒有可能再依賴任何人，我亦沒有能力在經濟上支持你們。「養兒一百歲，長憂九十九」，幸好你們一直都健康成長，沒有甚麼受傷病痛。我知道這個家庭曾經帶給你們一點點的壓力，但亦相信你們有能力去面對，並從中成長。我寄望你們能像父親一樣，能夠貢獻社會，為大眾謀福利，這樣就算有天我百年歸老，我也以你們為榮。

第十四章

【我曾經是劇團班主】

——每次上台做大戲
我都會很緊張
比被槍指著頭還要緊張百倍——

認識我的人都會知道，平日我出外，都會揹著一個背包，一隻手拿著手袋，一隻手拖著行李箱，很多人都會問我：「去旅行嗎，夏蕙姨？」我說不是，只因我總是有些事情要去做，才拿著這麼多東西。近日我就為了今年將會舉辦的《夏蕙BB金曲慈善夜2014》而奔波，身邊的年青人簡直不會相信，八十二歲的我除了能夠登台唱歌，還可以統籌一個人型的音樂會，他們也不會想像到，我為了做這件事花費了幾多工夫。

雖然沒有大師級的造詣，但多年來心繫粵曲。

第一件事就是要找場地。在香港，找一個適當的演唱場地不易，尤其是我們這些老人家，最後我選了一家老字號表演場地——新光戲院；找了場地就要找人腳，要找一些有吸引力的紅星，全靠我的人脈及號召力，幸好我的友人，像譚炳文、楊燕、好朋友呂太，一直都為此事出力；一邊聯絡「唱得之人」，一邊就要開始選擇一些有實力的製作單位，來為我們的表演做一個紀錄；最後是漫長的宣傳工作，而第一件事就要印製海報。

在深圳有一間相熟的印刷公司，經常為戲曲表演印製海報，所以他們已經有些紅星的資料及相片。於是，我又拖著我的行李箱，裡面放著替換的衣服、化妝用品、活動的資料，一個人闖上深圳。

我坐在電腦前面，跟那位設計師說出我的要求，修改了好幾遍後，已經是晚上九、十時，然後還要印製，等墨水乾透了，已經是第二天的清早。所以每次往返大陸，我都要在那邊落腳過夜。這邊廂從大陸回來，又要到澳門找我的契仔、契女，將海報拿給他們，好讓他們用作宣傳，這些事情我都一手包辦，忙得不亦樂乎。這次的演唱會既是個饒有意義的活動，為兒童癌症基金籌款，也是我們可以一展歌藝的機會，觀眾亦聽得開心，所以一切都是值得的。

享受舞台。

不要看我個子小小，有幾十年是胡生供養，事實上我也曾做過班主，那時我還只有二十幾歲。我帶著劇團遠赴美國足足三個月，去了十八個地方作巡迴演出。當時帶團去美國，除了是為了興趣，另一方面是因為胡生的子女剛從外國回來，我們的關係很緊張，我不想他兩邊做人難，便主動參加這個劇團，算是將注意力放到其他事物上，不用再煩惱他們的事。

那時我領著一群名伶到美國，當中有白雪仙的徒弟梅雪詩，連前輩梁醒波也在其中。記得每次開騷之前，都會有當地的黑社會堂口找我們，說要收取甚麼保護費，須知道，當地品流複雜，我們又不在自己地方，於是我這個做班主的，三不五時就要面對那些江湖中人。那次在紐約，算是最驚心動魄。那邊堂口早已聯絡我們，而我亦一早付了一筆錢給他們，但到演出當日完成表演時，卻給一個蒙著面的男子用手槍挾持！

事情是這樣的，當年登台，很多演員都會收到花牌（叫做銀紙牌）。那些花牌是演出完結後當地戲迷送給演員的禮物，而花牌上面都釘著一張張美金。賊人攔途截劫，就是覬覦那些美金，我們把花牌上的金錢都給了他，但他還想要更多，更用手槍指向我的頭，要求更多的金錢。不知何故，我比想像中冷靜，我是這樣對他說的：「你要錢，我可以給你；不夠，我也可以張羅。我知你並非想傷害我，但你用手槍指著我，萬一錯手走火，我死了不緊要，但我身為班主，就怕我的演員不能照常演出！」

記得梁醒波就因為這件事說我夠義氣，其實我當時沒有想太多，只是覺得自己帶團，就有責任做到最後。後來有些堂口的兄弟替我們找到那個劫匪，原來他是另外一個堂口的人（沒有收到金錢），我們拿回了錢，他們問我要不要見那個劫匪，我說不用了。錢已收回，用不著追究，亦不用增添甚麼仇恨，放那位仁兄一馬，也算是一件好事。

另一次是在三藩市，我們一行人把行李放在酒店，然後就去戲棚演出，誰知回到酒店時發覺所有護照都給拿走，但我們還有其他地方要去，賊人很明顯

我與羅家寶在台上演出。

是企圖以護照勒索我們，於是唯有等他們來電。事先我已報警，不是為捉拿犯人，而是為了知會警察我們遺失了護照，以確保我們不受事件影響，可以繼續演出行程。

果然，他們不久就致電我們，我沒有通知警察，就逕自與那班賊人會面。我告訴他們：「我們來外地表演，確實是應該給些金錢孝敬你們，我不會告訴警察，你只要將護照還給我們就好。」最後我依那些賊人所願付了錢，他們就給我一個地址，原來他們將我們的護照放了在車站的儲物櫃中，最後我們順利拿回護照，可以趕赴另一個目的地。問題是，我們早已報案，該怎樣跟警察交代？我情急智生，謊稱我們在酒店的樓梯找回護照，事件才終告平息。

話說回來，雖說我做班主時常有驚人之舉，人家都說我很大膽，但在我登台演出時，卻是另一回事。每次上台做大戲，我都會很緊張，比被槍指著頭還要緊張百倍，有好些時候，我會借助酒精來麻醉自己，要不然在台上就會嚇得腳軟。幾十年前參與教團助學，在電台唱戲，那時我是邊學邊唱，對自己的唱功沒有太大信心，結果我緊張得每十分鐘便上一次洗手間，而那時穿的是大戲衫，每次上洗手間都非常麻煩，其狼狽情形，可想而知。至於近年最令我緊張的演出，莫過於那次參演《幽靈人間》。那是我第一次在舞台劇上演出，舞台劇不同於拍電影，沒有NG，於是我就更緊張了，整個人虛虛浮浮的，心跳加速，到最後還是要用老方法，喝兩杯白蘭地才上台演出，直至第二場，情況才稍有好轉。

說到這兒，我又緊張起來，因為《夏蕙BB金曲慈善夜2014》快要上演！我們正密鑼緊鼓地準備，我也盡量花時間去練歌，希望今次演出成功，為這一年帶來另一個愉快的回憶。

第十五章 後記

【人生幾見月當頭】

——這本書算是一個句號
畢竟，某些懷念，只能夠放在心裡
而回憶，就任它留在夢中——

難過的日子每個人都會有，但幸好人情常在。

記得胡生去世後，曾有一段頗為潦倒的日子，當時我的住所給騙去，胡生每月給我的基金也被取消，雖然我的女兒有立刻為我購置一個單位，可是那種孤獨卻令人難以釋懷，生活難過得很。那段日子，有些朋友守在我的身旁，陪伴我、支持我，好友周聰玲就是其中之一。她知道我心情不佳，手頭也沒有從前寬裕，就常常請我去吃飯，我們像孖公仔一樣，四處去玩。

我們在中秋節相約一起去灣仔紫荊廣場賞月，記得那年的月亮很圓，她說：「人生幾見月當頭，做人要活在當下，曬過這個月光，運氣就會轉好。」

果然，我雖沒有變得大富大貴，但也算是生活充實，今年因病入院，受了苦，卻也得到很多感情上的安慰。當我在醫院臥病在床時，很多老友都致電問候，當中我與白韻琴的一通電話最令我印象深刻。

傳媒們喜歡搬弄是非，有報導指我將白韻琴的私事和盤托出，事實上我根本連那些私事究竟是甚麼我都不知道，我一向不說是非，就算別人跟我說是非，我也會叫人家不用說。須知一家不知一家事，人家的事，有甚麼好講？我就是給人講了大半生的，又怎會說人是非？只是傳媒挑撥離間，壞了我倆的感情，之前少了聯絡，到我入院甚至傳出死訊，白小姐就急急打電話過來，聽到我的聲音，才知道我安然無恙，聽到她情真意切地哭著問候我，就令我明白到，人情，真的比一切名利富貴都重要。

近日我去探望好友李香琴，她比我大一歲，我們由粵劇時代已一同唱戲，也一起做了幾十年慈善活動，那些一起派米給老人家的日子，現在還歷歷在目。現在我們都是老人家了，但與她的感情卻沒有一點兒改變。近年她身體變差，本來熱愛幕前演出的她，也推掉了不少劇集電影的演出，沒過多久，記憶力忽然就衰退了很多，行動也不太方便，幸好，她家境尚算良好，也得到家人的細心照顧。

想起來，生老病死是人生必經階段，實不需要執著，也不應害怕，因為即使你每天憂慮也於事無補。看到她，我更加相信做人應該過一日算一日，清醒一天，就做一天想做的事、有意義的事，人生才會過得充實。

年過八十，更要珍惜與友人相聚的機會。

我仍然想念胡生，仍然會在夢中跟他相見。二零零五年他離去時，我就曾在萬聖節扮鬼，希望以鬼的身份跟他相會。當然，我沒有真的見到他的鬼魂，想來這個主意實在是一樁傻事，記得當時有些小孩子見到我非常害怕，令我打消了再扮鬼的念頭。現在的我，大概已經不用再為了這份感情再特意做些甚麼了，這本書算是一個句號。畢竟，某些懷念，只能夠放在心裡，而回憶，就任它留在夢中。

此時此刻我的夢想，是為那些孤苦無依的老人家建一間老人院，我常常到老人院探望老人家，也知道他們的孤獨和苦況，他們有些帶著長期病患，有些缺乏家人的愛護和照顧，相比起他們，我已是幸福的一群，也就更應該用我餘下的日子，好好的為他們做些事。我知道自己能力有限，所以只能量入而捐，希望我可以透過我的言行來啟發更多人，為老人家付出更多關愛。

近年香港多了很多社會問題，香港人也多了一份憂慮，甚至是戾氣。我希望作為一個年過八十的藝人，能夠為香港人帶來多一點歡樂，所以才會參與不同的活動，像上次LV控告小商戶，我帶同格仔餅「踩場」，我就認為很有意思。在金錢和物質以外，是否有更高的標準來決定我們的行為？

與天堂鳥合作拍 MV 留影。

人生幾見月當頭，其實全句是「萬事不如杯在手，人生幾見月當頭」，所說的無非是及時行樂，珍惜眼前人。對我這個八十二歲的人來說，經歷了那麼多，其實做人的道理就是如此簡單——做自己應做的事，多點愛惜身邊人，活在當下，不需要事事執著——只要做到這幾句簡單的道理，自然能在紛擾亂世中活出自己。

與祥嫂情同姊妹，多年來情懷不變。

黃夏蕙

二零一四年六月七日

第十六章　增訂後記

【人生難得一知己，問君知否吾之愁？】

人生在世只有匆匆幾十年，有些人生活平平庸庸度過，有些人將事業幹得轟轟烈烈。不過，以上形容的，都只是表面的人生。可能因為我還擁有著一顆少女心，事業和名利對我來說，只是過眼雲煙，只要足夠維持基本生活便可以。我終其一生追求的，是愛的感覺。由少女時代，直至人到黃昏，我只有一個宏大的理想，就是身旁的人愛我、寵我、包容我，讓我擁有無窮的力量向世界炫耀！這就是我黃夏蕙一生的願望。

第一段戀情的對象是胡百全先生，這段戀情愛恨交纏。難得遇到一個死心塌地去愛我，願意為我拋棄江山的男人。雖然我當時是以第三者的身份介入，在那個年代就好像被世人判了死罪，我承受的壓力相信沒有人能夠了解！當時男女雙方也承受著無邊的壓力，但我只知道，我遇上了我心愛的男人，我便有義務陪他分享喜悅和承受壓力，這種犧牲，浪漫而且淒美。我一直承受著壓力，直至胡先生臨終前在醫院的那幾年，正室的兒女想盡辦法阻止我陪胡先生走過人生最後的道路。直到現在，仍令我耿耿於懷的，就是在胡先生臨終前，我也不能守在他的床前，讓他見我最後一面；不可以在他臨死前，在病床上緊握著他雙手，讓他安心離去。

世人只懂怪責我拆散別人的家庭，但試問家庭假如幸福，我又有甚麼能耐，可以拆散他們的感情呢？當時他們夫妻感情只是有名無實，罪不在我。他們已經完全沒有感情，但不甘心將歡欣送給我，況且當日是胡先生主動追求我的，莫非所有罪名一定要歸咎在我身上嗎？我內心深處抑壓了十多年的怨恨，只有自己知道。一般女性恨我，社會怪責我，但明明我只是想要追尋自己所愛、把握自己的真愛，這樣真的有罪嗎？在這段感情之中，我也只是一位悲劇人物罷了。

人到晚年，走在一條漆黑的街上，在我最失意的時候，遇上一個對我不離不棄的男人，他並非是我的情人，而是我的經理人，也算是我的福分。女人從來有權胡作非為，刁蠻任性就是本性，怪就怪在經理人太重視原則，所以我們在這十年間，經常會發生爭執和矛盾，幸好，我依然是一個晚年幸福的女人！可能他諒解我的背景，更有敬老的美德，每件事都會迫於無奈地遷就我。而我就是一個經常會好心做壞事的蠢女人，每次闖了大大小小的禍，他也會無條件地想辦法替我解決，我非常感激他。雖然今日我要離開香港，不過每當我想起小肥豬和香港老百姓，都會懷著依依不捨的心情，我永遠不會忘記大家對我的厚愛、遷就和容忍！我祝福所有朋友，假如今天不快樂，請耐心等候快樂的來臨！我更加祝福小肥豬能夠盡快找到他心愛的人，留在他的身旁，陪伴他終老。

各位，有緣再會！

夏蕙回憶錄（增訂版）

作者　黃夏蕙
編輯　白卷編輯部
校對　Akina
封面　sunnysunshine
設計　loka mariella
出版　白卷出版有限公司
新界葵涌大圓街 11-13 號
同珍工業大廈 B 座 16 樓 8 室
網址　www.whitepaper.com.hk
電郵　email@whitepaper.com.hk
發行　泛華發行代理有限公司
電郵　gccd@singtaonewscorp.com
承印　栢加工作室
版次　二〇二二年七月 初版
ISBN　978-988-74871-9-7